LE DROIT
DES COLLECTIVITÉS LOCALES
AU CONGO

Etudes Africaines
Collection dirigée par Denis Pryen et François Manga Akoa

Dernières parutions

Borice MOKELE, *Monseigneur Ernest Kombo. Ami de Dieu et des hommes*, 2010.
Auguste OWONO-KOUMA, *Mongo Beti et l'Eglise catholique romaine*, 2010.
Bali DE YEIMBEREIN, *Dessine-moi la Guinée !*, 2010.
Mohamed Tétémadi BANGOURA, Dominique BANGOURA, *Gouvernance et réforme du secteur de la sécurité en Guinée, Défis démocratiques et de refondation*, 2010.
Jacques MPIA BEKINA, *L'évangélisation du Mai-Ndombe. Histoire, difficultés présentes et inculturation*, 2010.
Marie Pascaline Josiane MBARGA, *La construction sociale de la ménopause*, 2010.
Hervé Pascal NDONGO, *Microfinance et développement des pays de la CEMAC*, 2010.
Ferdinand MAYEGA, *L'Avenir de l'Afrique. La diaspora intellectuelle interpellée*, 2010.
Kengne FODOUOP, *Le Cameroun : autopsie d'une exception plurielle en Afrique*, 2010.
Joseph ITOUA, *Institution traditionnelle Otwere chez les Mbosi*, 2010.
OIFDD, *Guide des valeurs de la démocratie*, 2010.
Ingrid Alice NGOUNOU, *Internet et la presse en ligne au Cameroun*, 2010.
Romuald LIKIBI, *L'Union africaine face à la problématique migratoire*, 2010.
Mbeng TATAW ZOUEU, *L'unification du droit de la famille au Cameroun,* 2010.
Paul KOFFI KOFFI, *Houphouët et les mutations politiques en Côte d'Ivoire. 1980-1993*, 2010.

Hygin Didace Amboulou

LE DROIT DES COLLECTIVITÉS LOCALES AU CONGO

L'HARMATTAN

5-7, rue de l'Ecole-Polytechnique, 75005 Paris

http://www.librairieharmattan.com
diffusion.harmattan@wanadoo.fr
harmattan1@wanadoo.fr
ISBN : 978-2-296-12282-6
EAN : 9782296122826

AVANT-PROPOS

Qu'est-ce que le droit des collectivités locales ? Quel est l'objet de cette matière devenue une discipline, à part entière, au sein des enseignements juridiques ? C'est à ces questions que répond ce livre. En effet, il existe de nombreuses façons d'organiser les États et l'un des critères réside dans la manière dont les pouvoirs sont structurés verticalement, c'est-à-dire sur l'ensemble du territoire. Ce qui revient à poser la question des « pouvoirs locaux », de leur proportion et de leurs assises. Du fait de son histoire, le Congo est un État unitaire. Ce qui implique un certain nombre de conséquences sur le plan du droit.

D'abord, en tant qu'État unitaire, le Congo ne connaît qu'un seul pouvoir politique. Il n'existe dans un État unitaire qu'un seul État et le Congo peut être qualifié d'État unique. Il n'y a ainsi qu'une seule Constitution et un seul gouvernement. Ensuite sur le plan juridique, le Congo ne connaît qu'un seul pouvoir législatif, qu'une seule catégorie de lois adoptées par le Parlement de l'État et qui ont vocation à s'appliquer sur l'ensemble du territoire.

Cependant, ce principe d'indivisibilité peut être plus ou moins fortement nuancé par un autre principe, de même valeur, celui de la libre administration des collectivités locales. Ces principes, au Congo, ont l'un et l'autre acquis une valeur constitutionnelle. Ici, l'analyse des conditions d'exercice du pouvoir local est étroitement liée à la nature des relations politiques et juridiques entre autorités locales et autorités centrales. Elle suppose, donc, de prendre en considération l'importance des moyens en personnel et les éléments légaux de la fonction publique territoriale, l'exercice de la tutelle sur les collectivités locales, le régime financier des collectivités locales, le service public local, le régime juridique des actes et contrats des collectivités locales, la détermination du patrimoine des collectivités locales, le transfert de compétences aux collectivités locales et le statut particulier des villes de Brazzaville et de Pointe-Noire.

Il s'agit, donc, d'une autonomie largement encadrée conditionnée par les mêmes mécanismes de puissance publique, les mêmes moyens financiers à la disposition des collectivités locales, l'envergure des acteurs politiques locaux, le même souci de rapprocher l'administration des usagers. De la sorte, l'étendue de l'autonomie locale ne se réduit plus à la seule expression juridique des rapports entre autorités centrales et acteurs locaux. La configuration politique même influence la nature des relations conduisant à nuancer la perception essentiellement verticale entre le centre et la périphérie.

Enfin, les sources formelles du droit des collectivités locales au Congo sont nombreuses. Pour l'essentiel, ces règles sont d'origine étatique et se consolident progressivement depuis la Constitution du 20 janvier 2002 jusqu'aux décrets et arrêtés. Les collectivités locales, sauf cas particuliers, ne peuvent donc édicter que des actes juridiques qui sont soumis aux normes étatiques.

Domine, ici, encore, l'idée d'unité du pouvoir normatif. Le principe de l'État unitaire justifie, en outre, l'existence d'un contrôle de l'État sur les collectivités locales, qu'il s'agisse de leurs organes ou de leurs actes. Ces derniers sont bien intégrés dans la présente étude.

Ce livre est une présentation simplifiée du droit des collectivités locales au Congo. Il a pour base les textes de la reforme qui est en cours depuis l'année 2003 et tend à répondre aux nombreuses questions que pourraient se poser les acteurs, les élus locaux, les chercheurs, les étudiants en droit et en science politique, ainsi que le grand public sur les fondements d'une politique dont l'enjeu principal est la réalisation des objectifs de la décentralisation. Utile pour la compréhension de la vie politique et administrative congolaise, il précise le statut des élus locaux, les conditions d'exercice de leur mandat, le fonctionnement des organes délibérants et la place des citoyens.

Il a ainsi été réalisé grâce au soutien inconditionnel de : Raymond Zéphirin Mboulou, Ministre de l'Intérieur et de la Décentralisation, Denis Edouard Okouya, Conseiller technique du ministre de l'intérieur, Paul Nicolas Gomes Olamba, Doyen de la Faculté de Droit de l'université Marien Ngouabi de Brazzaville, Fidèle Mounguengue, professeur à la Faculté de Droit de l'Université Marien Ngouabi de Brazzaville, Fidèle Dimou, professeur à l'université Marien Ngouabi de Brazzaville, préfet du département du Kouilou, André Ovu, secrétaire général du Conseil départemental du Kouilou, Patrice Ngatali, secrétaire général du Conseil municipal de Pointe-Noire, Célestin Tombet Kende, Administrateur-Maire de l'arrondissement n°1 de Pointe-Noire, Julie Nkounga, assistante de direction au secrétariat général de l'arrondissement n°1 de Pointe-Noire, Jean Ikia Olaboua, directeur départemental des impôts au Kouilou, Honoré Noël Yandouma, directeur départemental du trésor au Kouilou, Paul-Elié Miroumba, Léandre Matoko Touanga, Laure Cendra Loundou-Mouhembe. Que tous trouvent, ici, l'expression de ma profonde reconnaissance.

Emboli, le 28 – 10 – 0911

INTRODUCTION

1. Une collectivité locale, cette expression employée dans la pratique comme synonyme de collectivité territoriale, et seule retenue par la Constitution, désigne des entités de droit public correspondant à des groupements humains géographiquement localisés sur une portion du territoire national, auxquels l'État a conféré la personnalité juridique et le pouvoir de s'administrer par des autorités élues.

Jusqu'en 1995, elles étaient représentées par des régions, des communes de plein ou de moyen exercice. Il s'agit d'une décentralisation de courte durée dont les textes ont été déclarés inconstitutionnels par la Cour suprême, dans ses prérogatives de contrôle en matière constitutionnelle. La Constitution du 20 janvier 2002, qui institue le régime présidentiel, a refondé l'organisation administrative du territoire de la République du Congo. Aux termes de l'article 175 de la Constitution qui dispose : « les collectivités locales s'administrent librement, dans les conditions prévues par la loi », la Constitution fait le choix. Au fond, ce choix posé par la Constitution est un adoucissement de la prééminence de l'État. Il signifie que l'État fonctionne mieux, parce que c'est peut-être l'objet fondamental de la Constitution, et pour que l'État fonctionne mieux, il faut faire vivre la démocratie locale.

La loi n° 3- 2003 du 17 janvier 2003, fixant l'organisation administrative territoriale en son article 1er définit cette structure selon les principes de la déconcentration et de la décentralisation. Et son article 2 dispose : «l'organisation administrative territoriale divise le territoire national en départements, communes, arrondissements, districts, communes urbaines, communes rurales, quartiers, villages.

Tirant donc l'une de ses sources d'une telle structure juridique, le droit des collectivités locales se présente comme une pièce maîtresse du droit administratif, aux côtés des autres matières telles que les contrats administratifs, le contentieux administratif, les polices administratives, les grands services publics. Et comme toute branche du droit, le droit des collectivités locales peut être défini en tant que discipline scientifique, c'est-à-dire en tant qu'objet d'étude et d'enseignement et en tant que corps de règles juridiques. Avec ces deux points de vue, la définition du droit des collectivités locales comporte une certaine part de relativité ou d'imprécision, et même, à certains égards, d'arbitraire.

2. Au Congo, en effet, il est relativement aisé de se faire une idée de ce qu'est, dans son ensemble, le domaine sur lequel porte l'étude du droit des collectivités locales. D'ailleurs, on peut le résumer comme étant la branche du droit public interne qui comprend l'organisation et l'activité de ce qu'on appelle couramment l'administration des collectivités publiques, c'est-à-dire, l'ensemble des autorités, des agents et d'organismes chargés, sous l'impulsion des pouvoirs politiques, d'assurer les multiples interventions et rapports de l'État moderne et des collectivités locales.

Le domaine des interventions, ainsi, évoqué est très vaste. Il comprend d'abord l'étude de l'organisation administrative de l'État. L'administration apparaît, en effet, dès l'abord, comme un ensemble complexe d'autorités et d'organismes : pouvoir central, autorités territoriales telles que les préfets des départements, les maires, les conseils municipaux, chargés d'administrer les diverses collectivités locales (départements, communes et districts). Ce sont aussi des organes chargés de gérer les multiples services publics de l'État et des collectivités locales tels que l'enseignement public, les entreprises publiques, les voiries…

En second lieu, le droit des collectivités locales comprend l'étude de l'activité administrative. Avant d'être une organisation, l'administration est avant tout une activité. Elle est l'activité qu'assurent, à titre principal, tous les organes que l'on vient d'évoquer. Le droit des collectivités locales analyse donc cette activité juridique de l'administration locale. C'est pourquoi, il comporte d'abord, en tant que branche du droit administratif, une théorie générale des actes administratifs. Il comporte aussi la description du régime applicable aux rapports entre l'administration locale et les administrés dont l'intitulé dans les enseignements pédagogiques classiques est « les droits de l'administration et des administrés ». Ces rapports constituent, en effet, la manifestation la plus importante de l'activité administrative locale ; ils apparaissent sous les formes les plus diverses, l'administré devenant, alors, selon les cas, le bénéficiaire des prestations administratives (théorie de l'utilisation des services publics), le fournisseur ou collaborateur de l'administration (théorie des contrats administratifs), la victime d'accidents imputables à l'administration (théorie de la responsabilité administrative). Mais, son domaine comprend aussi l'étude des moyens d'action dont dispose l'administration locale, c'est-à-dire le personnel que l'administration utilise (fonctionnaires et autres agents publics), les biens matériels qu'elle dispose ou emploie (domaine public) et, plus généralement, le « Patrimoine des collectivités locales ».

L'étude du droit des collectivités locales comprend, enfin, le contentieux administratif ou le contrôle juridictionnel de l'administration. Ici est le lieu où est analysé le régime juridique des contestations, des litiges et des procès nés de la défection, du mauvais fonctionnement ou de l'interruption du service public local, donc de l'activité administrative en rapport avec la nature du service public, et qui définit l'ordre particulier des tribunaux : les juridictions administratives. L'étude de l'organisation de ces tribunaux et de leur compétence constitue un chapitre important en 2e année. La connaissance et la bonne maîtrise de ces matières, à titre de rappel, sont indispensables pour la compréhension de cet enseignement.

Ainsi, si l'on peut assez facilement donner une vue d'ensemble du champ du droit des collectivités locales, sa délimitation n'en comporte pas moins une part de relativité. Il ne correspond pas toujours et exactement au champ d'activité du pouvoir exécutif ou administratif. On pourrait songer, en effet, à rechercher une délimitation scientifique précise du droit des collectivités locales en faisant appel au principe de la séparation des pouvoirs entre le législatif et l'exécutif, ou même par l'origine des deux catégories de personnels : celui qui relève du pouvoir central et celui qui relève de la collectivité elle-même, ainsi qu'à la prééminence des organes législatifs sur les organes délibérants en évoquant la question de la primauté accordée aux lois qui sont l'expression de la volonté générale traduite par le Parlement, institution de souveraineté nationale, sur les délibérations issues des Conseils, assemblées locales. Ceci, en fait, est la consécration de la hiérarchie dans l'ordonnancement des Institutions et des pouvoirs constitutionnels.

3. Sur le plan administratif est mise en exergue la question du conflit de compétences. Par exemple entre le préfet, représentant de l'État et coordonnateur de l'action du gouvernement dans le département, en ce qu'il approuve le budget de la collectivité, et le président du Conseil. A ce niveau, il se pose aussi le problème de préséance.

Enfin sur le plan juridictionnel, la question du contrôle de la légalité des actes des collectivités locales est posée. D'une part, la correspondance entre les collectivités locales et les organes exécutifs de l'État cesse d'être absolue en ce qui concerne le pouvoir administratif central, c'est-à-dire, le gouvernement, ici apparaît la relativité de la définition du droit des collectivités locales et d'autre part l'incertitude de sa définition par rapport au droit constitutionnel qui est l'ensemble des règles juridiques relatives aux institutions grâce auxquelles l'autorité s'établit, se transmet ou s'exerce dans l'État ».

De ce point de vue, le droit des collectivités locales requiert bien son fondement constitutionnel, la Constitution en tant que géniteur de la décentralisation comme mode d'administration des circonscriptions administratives du territoire et qui envisage la description du système général de l'État auquel font partie ces circonscriptions et leurs acteurs. Il relève aussi du droit administratif dans la mesure où les organes du gouvernement sont précisément placés à la tête de l'organisation administrative de ce même État. En ce qui concerne la description de la structure gouvernementale, s'il est possible d'établir un certain partage entre l'aspect politique de cette activité rattachée au droit administratif, cette répartition n'aura qu'une valeur approximative et empirique. Pour ne citer qu'un exemple, l'étude du pouvoir réglementaire du gouvernement fait aussi bien partie du droit administratif que du droit constitutionnel. Si bien qu'au niveau des collectivités locales, malgré les principes de libre administration et d'autonomie financière, il n'en restera jamais moins, qu'on constate les interventions administratives intempestives du pouvoir central en tant qu'organe régulateur de la vie nationale et garant de la politique de développement de l'État dans son unicité.

Ainsi, le droit des collectivités locales est, dans un certain sens, l'étude des règles qui instituent, organisent et régissent le fonctionnement des collectivités locales, en définissant le statut des acteurs locaux et en précisant leur domaine de compétence ainsi que leurs termes de collaboration, notamment le rôle qu'ils jouent et la place qu'ils occupent par rapport au pouvoir central.

En pratique, il se veut un instrument et un cadre de gestion et d'appui à la politique de décentralisation à travers une législation et une réglementation dont le critère d'appréciation est, ici, la réalisation des attentes des populations concernées.

De la sorte, son étude ne devrait pas se limiter à la présentation, à l'explication et à l'interprétation des règles existantes. Il s'agit, en outre, de les discuter et de rechercher les améliorations qui peuvent leur être apportées. L'objectif est, dans cette perspective, de préparer l'administration de demain et d'expliquer celle d'aujourd'hui.

Aussi, est-il évident que dans une telle approche, typiquement doctrinale, l'enseignement intègre, en dernier ressort, des analyses d'ordre historique, sociologique, administratif, juridique, économique et politique, si l'on tient à réaliser les cinq objectifs de la décentralisation à savoir : la création des conditions favorables au déploiement de l'administration sur l'ensemble du territoire, la mise en place d'une administration de proximité, la création des conditions d'émergence d'une administration orientée vers le développement, la promotion de la démocratie locale, et la réalisation de l'unité nationale.

CHAPITRE PRELIMINAIRE

NOTIONS FONDAMENTALES A L'ETUDE DU DROIT DES COLLECTIVITES LOCALES

I. LES INSTITUTIONS ADMINISTRATIVES CONGOLAISES

4. L'étude du droit des collectivités locales est inhérente à celle des institutions administratives. Au Congo, aux administrations d'État se superposent les administrations locales. Les rapports entre ces deux types d'administrations se rattachent à deux notions générales : d'une part, la centralisation hiérarchique, caractérisée par une plus ou moins grande concentration, d'autre part, la décentralisation.

L'unité nationale congolaise a été acquise depuis l'indépendance, le 15 Août 1960, mais la centralisation hiérarchique poussée est essentiellement l'œuvre du pouvoir politique. Cette centralisation a laissé subsister des collectivités publiques secondaires étroitement assujetties à l'État. Depuis lors, la nécessité d'une décentralisation sensible a été souvent évoquée, mais les réalisations pratiques ont été assez réduites.

5. La décentralisation et la déconcentration. Décentraliser, c'est retirer les pouvoirs à l'autorité centrale pour les transférer à une autorité de compétence moins générale : soit de compétence territoriale moins large, l'autorité locale, soit de compétence spécialisée par son objet… Mais, tout transfert d'autorité du pouvoir central vers une autorité locale non spécialisée n'est pas nécessairement une véritable décentralisation (M. Waline).

6. Déconcentration. Il y a déconcentration lorsque le pouvoir de décision est transféré d'un agent public occupant un échelon élevé de la hiérarchie administrative à un agent occupant un échelon moins élevé de cette même hiérarchie. C'est le cas lorsque le pouvoir de prendre certaines décisions est transféré, par exemple, du ministre au préfet.

La déconcentration présente l'avantage de rapprocher les administrés de l'autorité qui décide, de réduire et d'alléger les procédures administratives, de donner un certain pouvoir de décision à un agent public plus spécialisé ou à une compétence territoriale plus réduite. Ces avantages peuvent être obtenus sans risque grave de morcellement de l'État en collectivités secondaires de plus en plus indépendantes les unes des autres.

7. La décentralisation. Il y a décentralisation lorsque le pouvoir de décision est transféré d'une autorité étatique à une autorité indépendante du pouvoir central à laquelle est reconnue une personnalité juridique. Décentraliser, c'est admettre qu'à côté de l'intérêt national existent des intérêts locaux ou professionnels qui méritent qu'on leur prête attention. C'est le cas lorsque le pouvoir de décision – en certaines matières – est transféré du ministre ou du préfet au Conseil départemental ou au Conseil municipal. La décentralisation présente les mêmes avantages que la déconcentration, mais à un degré, semble-t-il, plus poussé. On lui prête aussi l'avantage de permettre l'éducation politique et administrative des futurs hommes politiques qui s'essaieraient sur un plan local avant d'aborder le plan national. Si certaines limites, soigneusement établies, sont prévues, la décentralisation peut ne pas aboutir au morcellement de l'État. Mais, dans le monde moderne, l'autorité n'est efficace que si elle dispose de moyens financiers suffisants ; c'est pourquoi, la décentralisation n'a jamais été poussée. Sans doute, serait-il possible d'accorder aux autorités locales au Congo le pouvoir de lever les impôts nécessaires à leur politique. Mais, le danger d'une prolifération des impôts s'accompagnerait des dangers connexes : les industries situées dans les départements les plus imposés seraient transférées dans les départements les moins imposés, les impôts locaux pourraient porter atteinte au rendement des impôts nationaux ou à l'effet indirect qu'a recherché le législateur en les instaurant, etc.

Les collectivités locales ne correspondant pas toutes à des territoires également riches, la décentralisation risquerait d'accentuer les différences économiques entre les diverses collectivités locales. Une partie des impôts nationaux, les critères de la redistribution déterminés en fonction des choix de ce même pouvoir central pourraient aller à l'encontre des objectifs recherchés par la décentralisation.

8. La décentralisation au Congo. Les constituants ont accordé une large autonomie aux autorités locales. Les auteurs de la Constitution de 1992 voulaient couronner par un démembrement du pouvoir des préfets au profit des présidents des Conseils régionaux depuis la réalisation de la décentralisation ; mais le législateur n'a effectivement rien tenté dans ce sens. La Constitution de 2002 se borne, dans son article 175, à préciser que « les collectivités s'administrent librement par des Conseils élus et dans les conditions prévues par la loi » et que « dans les départements, le préfet a la charge des intérêts nationaux, du contrôle administratif et du respect des lois ».

9. Le contrôle administratif (ex-tutelle administrative). Les agents du pouvoir central exercent un contrôle administratif plus ou moins étroit sur les personnes administratives décentralisées et parfois même sur les personnes de droit privé (exemple : les caisses de sécurité sociale ou – en ce qui concerne l'acceptation d'un don ou d'un legs – les associations reconnues d'utilité publique).

Ce contrôle peut s'exercer de diverses façons :

- Pouvoir disciplinaire (dissolution du Conseil municipal ou du Conseil départemental, révocation du maire) ;
- Pouvoir de nomination d'une fraction au moins des agents de la collectivité décentralisée ou de l'établissement public ;
- *Contrôle sur les actes.* 1° Pouvoir de saisir des juridictions en vue de faire annuler un acte illégal. 2° Pouvoir d'annuler une décision illégale ou de la faire annuler par une autorité administrative suivant un procédé de *justice retenue* (le préfet peut, pour excès de pouvoir ou violation de la loi, dénoncer une délibération du Conseil). 3° *Pouvoir de substitution d'action*, permettant à l'autorité de tutelle de prendre une décision que le pouvoir local ou spécialisé s'est abstenu ou a refusé de prendre (le préfet peut inscrire d'office au budget du département ou d'une commune le crédit correspondant au paiement d'une dépense imposée par la loi) ;

- *Pouvoir de veto.* Certaines délibérations ou certains arrêtés de l'autorité locale ou spécialisée ne sont pas exécutoires par eux-mêmes et pour le devenir doivent recevoir l'approbation du *pouvoir de tutelle.* Cependant, en fait, le silence de ce dernier pendant le délai de réflexion qui lui est accordé vaut approbation ;

- *Pouvoir d'autoriser l'acceptation d'un don, d'un legs.*

A. L'organisation du pouvoir central

10. Les administrations et services publics de l'État sont répartis entre les divers départements ministériels. À la tête de chacun d'eux se trouve un ministre ou un secrétaire d'État.

Le ministre dispose de collaborateurs immédiats, fonctionnaires et techniciens divers, qui constituent son *Cabinet.*

Le ministre dispose des services qui constituent d'une part, les administrations centrales, siégeant à Brazzaville et divisées en directions générales et en directions, et, d'autre part, les services extérieurs, siégeant sur les différents points du territoire. Ces services extérieurs sont organisés au sein des subdivisions territoriales fixées assez arbitrairement pour chaque ministère (elles ne coïncident pas nécessairement avec les collectivités locales ni d'un ministre à un autre). Dans chaque département, un fonctionnaire, le préfet, est actuellement chargé de coordonner l'ensemble des services extérieurs des différents départements ministériels.

À côté des ministres siègent un nombre croissant de *comités* ou *Conseils consultatifs.*

Le ministre prend toutes les décisions relatives au fonctionnement de ses services. En fait, il délègue à des membres de son cabinet et aux directeurs de son administration centrale le pouvoir de signer, en son nom, les décisions concernant telle ou telle catégorie d'affaires. Le ministre, qui est le représentant juridique de l'État pour tout ce qui concerne ses services, est l'ordonnateur de leurs dépenses. Il exerce un *pouvoir hiérarchique* sur tous les agents de son administration. Le ministre contresigne généralement les décrets du Premier ministre ou du Président de la République qui concernent son département ministériel.

Le ministre prend des *arrêtés* (l'arrêté ministériel est une décision du ministre comme le *décret* est une décision du Premier ministre) et formule des *instructions* de service, désignées par l'expression de circulaires lorsqu'il s'agit d'ordres collectifs.

Tous les administrés sont tenus de respecter les arrêtés ministériels au même titre que les décrets du Premier ministre ou du Président de la République, mais ils peuvent demander aux juridictions administratives l'annulation, pour *excès de pouvoir,* des arrêtés aussi bien que des décrets. Seuls les fonctionnaires sont tenus d'exécuter les ordres contenus dans les instructions de service et dans les circulaires. Le ministre peut également *réformer* les décisions de ses subordonnés.

11. La commune. La commune, dont l'origine historique remonte à l'indépendance, constitue la cellule de base de l'organisation administrative congolaise. La commune comporte deux organes :

- Le Conseil municipal, élu par les électeurs de la commune ;
- Le Bureau, élu par les membres du Conseil municipal, qui comprend le maire et ses adjoints.

12. Le Conseil municipal : **composition et fonctionnement**. Le Conseil municipal est composé d'un nombre impair de membres variant de 9, pour les communes de moins de 10.000 habitants, à 37, pour les communes de plus de 60 000 habitants (par dérogation Brazzaville et Pointe-Noire, mais l'organisation de ces dernières villes est étudiée spécialement). Ses membres sont élus pour cinq ans au suffrage universel direct.

Le Conseil municipal se réunit obligatoirement au cours de quatre sessions ordinaires de quinze jours par an (février, mai, août, novembre), toutefois la durée de la session au cours de laquelle est discuté le budget peut durer six semaines. Des sessions extraordinaires peuvent être convoquées par le maire lorsqu'il le juge utile, ainsi qu'à la demande d'un tiers des membres en exercice, ou du préfet ou du sous-préfet. Les séances – en principe présidées par le maire – sont publiques, mais le Conseil peut exceptionnellement se réunir en comité secret, par exemple, pour donner un avis en matière d'aide sociale.

Les votes s'effectuent à main levée, au *scrutin public* ou (s'il s'agit d'une élection ou si la demande en est faite par un tiers des membres présents) au *scrutin secret*. Les délibérations sont prises à la majorité absolue. Si le nombre des membres en séance n'est pas supérieur à la moitié du nombre des membres en exercice (quorum), la séance doit être levée, une nouvelle convocation est lancée et, trois jours plus tard, le Conseil délibère valablement, quel que soit le nombre des présents.

13. Attributions. Le Conseil municipal délibère sur toutes les affaires intéressant la commune et rend un avis dans les cas prévus par la loi ou sur la demande du préfet. La majorité des délibérations sont exécutoires par elles-mêmes. Les autres délibérations sont soumises à l'approbation d'une autorité supérieure, qui est, suivant les cas, le sous-préfet, le préfet, le ministre de l'Intérieur, le nombre des délibérations soumises à approbation est plus grand pour les communes de plus de neuf mille habitants.

Toute délibération du Conseil municipal est remise ou expédiée – contre récépissé – au préfet ou au sous-préfet. Les délibérations qui ne se sont pas soumises à approbation sont exécutoires quinze jours plus tard. Le délai accordé au pouvoir de tutelle pour approuver expressément ou manifesté sa désapprobation aux délibérations non exécutoires varie avec l'objet de la délibération.

14. Le Bureau : Le Conseil municipal élit parmi ses membres un maire et un nombre d'adjoints variant avec la population de la commune (1 à 12). En principe, la durée du mandat du Bureau est la même que celle du Conseil. Les fonctions sont gratuites, mais une indemnité de fonction peut être attribuée.

15. Les attributions du maire. Le rôle du maire est double, c'est simultanément un agent de la commune et un agent de l'État.

16. Le maire, agent de la commune. Il prépare et exécute les décisions du Conseil municipal. Il est chargé de la conservation de l'administration des propriétés communales, de la gestion des revenus et de la surveillance des établissements communaux, de la préparation du budget et de l'ordonnancement des dépenses, de la direction des travaux communaux, et de l'entretien de la voirie municipale, de la passation des marchés, de la représentation de la commune en justice et dans tous les actes de la vie civile. Il nomme les agents municipaux et, sauf dans les grandes villes, exerce les pouvoirs de police municipale et de police rurale. Dans cet exercice, le maire prend soit des arrêtés réglementaires, qui doivent être notifiés (les mesures de police ne peuvent apporter aux droits et libertés reconnus par la loi que les restrictions strictement indispensables à la salubrité publique).

17. Le maire, agent de l'État. Les attributions du maire en tant que représentant de l'État sont de nature administrative (il est chargé de la publication des lois et règlements, de l'exécution des mesures de sûreté générale et des fonctions qui lui sont dévolues par d'innombrables lois en matière d'élections, d'impôts directs, d'enseignement primaire, de recrutement et d'aide sociale) et de nature judiciaire (il est officier de l'état civil, il a des fonctions de police judiciaire, notamment la réquisition de la force publique et l'exécution des mandats d'amener et de comparution ; à défaut des fonctions de commissaire de police, il remplit les fonctions du ministère public auprès du tribunal de police ; il intervient dans les *saisies-exécutions*). Le maire est soumis à un plus étroit contrôle administratif en tant que représentant de l'État qu'en tant qu'agent de la commune.

18. Les attributions des adjoints. En cas *d'absence*, de *suspension*, de *révocation* ou de tout autre *empêchement*, le maire est remplacé provisoirement, dans la plénitude de ses fonctions, par un adjoint (à défaut par un conseiller municipal). En dehors de ces cas, les adjoints peuvent agir dans le cadre des délégations qu'ils ont reçues du maire.

19. La suspension et la révocation du Bureau. Les maires et adjoints peuvent, après avoir été entendus et invités à fournir des explications sur les faits qui leur sont reprochés, faire l'objet d'une mesure de suspension prise par le préfet pour une durée d'un à trois mois. La révocation est prononcée, dans les mêmes conditions, par décret motivé. Elle entraîne l'*inéligibilité* pendant une année aux fonctions de maire ou d'adjoint.

20. Le budget communal. Cet état des recettes et des dépenses de la commune est divisé en une *section ordinaire* (recettes annuelles et permanentes ; dépenses correspondant à des besoins permanents) et en une *section extraordinaire* (subventions d'équipement et emprunts correspondant aux investissements effectués au cours de l'exercice).

21. La délégation spéciale. En cas d'annulation de l'élection de tous les conseillers municipaux, de d*issolution* du Conseil (elle est possible par décret lorsque le Conseil est dans l'impossibilité d'assurer ses fonctions, notamment par suite de dissensions entre ses membres telles que le budget ne peut être voté ou l'élection de la municipalité assurer) ou de *démission collective*, un décret nomme dans les huit jours une délégation spéciale de trois à sept membres pour assurer les mesures conservatoires et urgentes.

22. La conférence intercommunale. Composée d'autant de commissions spéciales de trois membres qu'il y a de communes représentées, la conférence intercommunale a pour objet l'étude des problèmes communs à deux ou plusieurs communes.

23. La commission syndicale. Composée de délégués de chaque Conseil municipal intéressé, la commission syndicale a pour objet la gestion de biens et droits indivis entre deux ou plusieurs communes. Elle dispose des pouvoirs d'administration sur ces biens, les actes de disposition devant être autorisés par chaque Conseil municipal. Elle élit, en son sein et au scrutin secret, un *syndic* qui assure sa présidence.

24. Le département. Le département constitue tout ensemble, une circonscription administrative de l'État et une collectivité décentralisée.

25. Le département, circonscription administrative. Le Congo est divisé en 12 départements, les villes de Brazzaville et de Pointe-Noire étant assimilées à des départements. Les modifications des limites d'un département sont décidées par un décret en Conseil des ministres.

A la tête du département se trouve un fonctionnaire, le préfet, assisté d'un secrétaire général, d'un cabinet et du personnel de la préfecture.

26. Préfet. Le préfet est nommé par un décret du Président de la République pris en Conseil des ministres. Son recrutement est à la discrétion du gouvernement, mais les sous-préfets et les administrateurs civils hors classe (normalement recrutés parmi les élèves de l'École Nationale d'Administration et de Magistrature (E.N.A.M) peuvent postuler à une telle nomination.

Il est le dépositaire de l'autorité de l'État dans le département où il est le délégué et le représentant direct de chacun des ministres. Il a un véritable rôle politique. Il veille à l'exécution des lois, des règlements et des décisions du gouvernement. Il anime et coordonne les services départementaux des administrations civiles de l'État et assure la direction générale de l'activité des fonctionnaires de ces services.

Depuis 2002, le préfet détient les pouvoirs de décision exercés, jusqu'alors, par les chefs des services départementaux des administrations civiles de l'État, sauf en ce qui concerne l'enseignement, les finances et l'inspection du travail. Le préfet exerce le contrôle administratif des collectivités locales, des établissements et des organismes publics exerçant leur activité dans le cadre du département.

Le préfet lève le conflit devant les tribunaux judiciaires lorsqu'une affaire portée devant eux lui parait ressortir à la compétence administrative. Il a des attributions de police judiciaire en matière de crimes et délits contre la sûreté intérieure de l'État. Il exerce la police administrative par voie de mesures réglementaires ou individuelles.

27. Le secrétaire général. C'est un fonctionnaire du cadre des sous-préfets nommé par décret pour assurer une partie de l'administration préfectorale par délégation du préfet.

28. Le cabinet du préfet. Ce sont les collaborateurs immédiats du préfet, il les choisit sur les considérations souvent subjectives. Le directeur du cabinet a rang de sous-préfet.

Le Conseil départemental et la commission départementale. Le Conseil départemental procède chaque année à la répartition, entre les communes du département, du produit des anciennes contributions directes qui servent de principal fictif pour l'assiette des impôts locaux. Les conseillers départementaux font partie du collège électoral sénatorial. La commission départementale a également quelques attributions administratives.

Le département, collectivité locale. Le département possède des biens et des droits qui sont gérés par un Conseil élu.

29. Le Conseil départemental. Le Conseil départemental comprend autant des membres élus pour cinq ans au suffrage universel direct que le département a de districts. Il tient chaque année deux sessions ordinaires (quinze jours au plus entre le 1er et le 30 avril, trente jours au plus entre 1er septembre et le 15janvier). Il peut être réuni sur proposition du préfet (de sa propre initiative ou à la demande d'au moins deux tiers de ses membres ou de la commission départementale) en sessions extraordinaires de quinze jours au maximum. Le Conseil départemental peut constituer des commissions dans son sein. Les séances sont publiques et sont dirigées par un Bureau élu. Le préfet fait ses entrées aux séances et est entendu quand il le demande.

Les activités essentielles du Conseil sont l'administration générale, l'aide sociale et la voirie (ces deux dernières absorbent 60% des crédits portés au budget du département). Le projet de budget est préparé par le bureau du Conseil, il est adopté par le Conseil départemental et n'est soumis à approbation ministérielle que si l'exécution du budget du dernier exercice clos a fait apparaître un déficit de 10% ou si les intérêts des emprunts contractés atteignent 10% des recettes fiscales. Le Conseil départemental peut être dissout par décret motivé.

B. Les autres personnes administratives

En dehors des départements et des communes, la loi reconnaît l'existence d'autres personnes administratives. Ce sont, par exemple, les établissements publics.

30. Les établissements publics. L'établissement public est une institution administrative ayant des ressources propres et qui est chargée de la gestion d'un ou de plusieurs services publics. Il existe des établissements publics départementaux et des établissements publics locaux.

La création d'une catégorie nouvelle d'établissements publics est une prérogative de la loi. Mais, dans le cadre d'une catégorie donnée, un établissement public peut être créé tantôt par un décret ou un arrêté ministériel, tantôt par un arrêté préfectoral.

31. L'établissement public à caractère administratif. L'établissement public à caractère administratif est soumis aux règles de la comptabilité publique. Il est administré par un *Conseil d'administration* et par un directeur. Les agents de cet établissement ont la qualité de fonctionnaires communaux lorsqu'ils répondent aux conditions définies par le statut général de la fonction publique ou par le statut des fonctionnaires territoriaux.

L'établissement public est soumis au contrôle administratif. Son Conseil d'administration peut être composé soit de personnes désignées par l'autorité de tutelle (sur présentation ou non d'organismes administratifs, économiques ou sociaux), soit de personnes élues au suffrage universel, il ne s'agirait plus d'un établissement public, mais d'une collectivité locale), soit tout à la fois de personnes désignées et de personnes élues, ou bien encore de personnes désignées ou élues et de personnes cooptées par les précédentes.

32. L'établissement public à caractère industriel ou commercial. Il y a établissement public à caractère industriel et commercial lorsque la nature du service qui lui est confié et les modalités de sa gestion font présumer la volonté de ses fondateurs de lui conférer un tel caractère. Mais, certains établissements sont reconnus comme étant à caractère industriel ou commercial, pour le surplus l'Office Congolais de l'Informatique (OCI), l'Agence Nationale de l'Aviation Civile (ANAC). Les contrats passés par les établissements publics à caractère industriel ou commercial sont des contrats de droit privé, notamment leurs marchés de travaux ou de fournitures.

II. LE DOMAINE PUBLIC ET LE DOMAINE PRIVE

33. L'expression « domaine public » désigne dans le code civil l'ensemble des biens de l'État et des collectivités locales. Le droit administratif réserve cette expression seulement à certains biens de l'État et des collectivités, les biens constituant leur domaine privé.

Les biens du domaine public ne se reconnaissent pas à leur nature physique, mais au fait qu'ils sont affectés à la satisfaction d'un besoin public. Cette définition ayant un caractère assez imprécis, la commission de réforme du code civil l'a précisé : « sauf décision contraire de loi, les biens des collectivités administratives et des établissements publics ne sont compris dans le domaine public qu'à la condition soit d'être mis ou laissés à la disposition directe du public usager, soit d'être affectés a un service public, pourvu qu'en ce cas ils soient, par nature ou par des aménagements particuliers, adaptés exclusivement ou essentiellement au but particulier de ces services ; les biens des collectivités administratives et des établissements publics affectés à un service public de caractère industriel ou commercial ne font pas, sauf disposition contraire de la loi, partie du domaine publics. »

Le domaine public naturel : rivages de la mer, fleuves et rivières navigables ou flottables.

Le domaine public artificiel : ports, phares, canaux, routes, rues, voies ferrées, citadelles, forteresses, fortifications, casernes, abattoirs.

Le domaine public mobilier : œuvres des musées, livres des bibliothèques, matériels de guerre, de l'armée etc.

Les caractéristiques du domaine public. Les biens du domaine public sont inaliénables et imprescriptibles aux termes d'une jurisprudence constante.

En fait, il ne s'agit pas d'une véritable inaliénabilité puisqu'il suffit de procéder au *déclassement* ou à la *désaffectation* d'un bien du domaine public pour en faire un bien du domaine privé, qui, lui, est aliénable.

A. Les affectations ou désaffectations

34. L'affectation d'un bien d'une personne administrative à son domaine public peut résulter de la loi, d'un contrat entre deux personnes administratives ou – le plus souvent – d'un acte unilatéral de l'administration (décret contresigné par le ministre des finances, s'il s'agit de l'État ; délibération du Conseil départemental ou du Conseil municipal, s'il s'agit d'un département ou d'une commune). Les désaffectations se font de la même manière. La propriété d'un bien affecté au domaine public peut être transférée d'une personne administrative à une autre sans que l'affectation de ce bien ne soit modifiée. Ces transferts peuvent être volontaires ou – s'ils sont effectués par l'État – forcés.

35. L'alignement. Le gouvernement, les Conseils départementaux et les Conseils municipaux établissent des plans généraux d'alignement qui fixent la délimitation entre les voies de communication publiques et les propriétés privées. Les terrains compris dans les limites de la voie publique sont immédiatement incorporés à celle-ci lorsqu'ils ne sont ni bâtis ni clos, moyennant une indemnité. Les terrains bâtis ou clos sont frappés d'une *servitude de reculement*, le propriétaire ne peut y effectuer des travaux de nature à en améliorer la solidité ; lorsque le bâtiment ou la clôture tombe en ruine, l'administration prend possession du terrain prévu par le plan d'alignement moyennant une indemnité correspondant à la valeur du terrain nu. En conséquence, tout propriétaire riverain d'une voie publique est tenu de demander un arrêté individuel d'alignement avant de procéder à une réparation.

B. L'urbanisme et l'expropriation

36. L'urbanisme. Les nécessités de reconstruction ont été telles, après chacune des deux guerres mondiales, qu'un domaine nouveau du droit administratif est apparu : l'urbanisme. Il ne s'agit plus seulement des plans d'alignement, mais des plans d'extension, d'aménagement et de rénovation des villes.

Les plans d'urbanisme, qu'un très grand nombre de communes sont tenues d'établir, produisent d'importants effets dès lors qu'ils sont approuvés et publiés et valent notamment *déclaration d'utilité publique* pour les *expropriations* nécessaires à leur exécution. Les propriétaires sont tenus de respecter l'alignement qu'ils établissent et de demander une autorisation écrite avant de commencer des travaux de construction.

37. L'expropriation. On appelle « expropriation » la procédure par laquelle l'administration oblige une personne privée à lui céder la propriété d'un immeuble dont elle a besoin pour un objet d'utilité publique.

38. Le domaine d'application. L'expropriation est réservée aux personnes morales publiques et à certains organismes privés privilégiés : association syndicale de propriétaires et sociétés d'économie mixte, dont la mission est d'intérêt général ou de service public. Les organismes privés, concessionnaires de l'aménagement d'une zone à urbaniser en priorité (Z.U.P.), peuvent recourir à l'expropriation des terrains destinés à être incorporés à la zone.

L'expropriation est applicable aux seuls immeubles et droits immobiliers réels (servitudes) appartenant à des personnes privées. La notion d'utilité publique est très vaste, beaucoup plus que celle de service public

La procédure. La procédure normale d'expropriation comporte cinq phases.

39. La déclaration d'utilité publique. Suivant les cas, cette déclaration résulte d'un décret en Conseil des ministres, d'un arrêté ministériel ou d'un arrêté préfectoral. Cette déclaration, qui n'est prononcée qu'après une *enquête préalable*, détermine le délai dans lequel l'expropriation devra être réalisée.

40. La détermination des immeubles à exproprier. En cas de précision insuffisante de l'*acte déclaratif d'utilité publique*, la détermination des immeubles à exproprier est faite par *arrêté de cessibilité* pris après une enquête parcellaire ordonnée par le préfet dans chaque commune intéressée (le cas échéant cette enquête parcellaire peut être effectuée en même temps que l'enquête préalable).

41. Le transfert de propriété. Le transfert de propriété s'effectue par accord préalable dans les formes prévues par le code civil (en pareil cas, les droits des tiers sur les biens cédés amiablement ne prennent fin qu'après *une ordonnance de donné acte* rendue par le juge de l'expropriation), soit par *une ordonnance d'expropriation* rendue par un magistrat désigné à cet effet pour trois ans par le premier président de la cour d'appel. *Le juge de l'expropriation* est saisi par le préfet qui lui transmet un dossier à cet effet. L'ordonnance d'expropriation est soumise aux règles de la *publicité foncière*. Elle peut être attaquée par la voie d'un *pourvoi en cassation* pour *incompétence, excès de pouvoir, vice de forme ou violation de la loi*.

42. La fixation de l'indemnité. L'Administration fixe le montant de l'indemnité en tenant compte des droits des éventuels *fermiers, locataires ou titulaires de droits réels*. La notification du montant des *offres* est faite au propriétaire et, éventuellement, à l'*usufruitier* qui ont quinze jours pour faire connaître leur acceptation ou le montant détaillé de leurs demandes. À défaut d'accord amiable, dans le mois de cette notification, l'indemnité est fixée par *le juge de l'expropriation* après cette visite des lieux et audition des parties en présence d'un notaire (les bases d'évaluation sont précisées par la loi du 10 juillet 1965, afin d'éviter à l'Administration de payer la *hausse spéculativ*e résultant de la perspective même des travaux pour lesquels il y a expropriation). Le jugement fixant le montant de l'indemnité peut faire l'objet d'appel (devant la cour d'appel), mais pas d'opposition ; l'arrêt de la cour (rendu par une chambre spécialisée) pour faire l'objet d'un pourvoi en cassation (devant une chambre civile spéciale et temporaire) est dispensé du ministère d'avocat.

43. Le règlement de l'indemnité. Le règlement de l'indemnité doit être préalable à la prise de possession de l'immeuble exproprié, sauf lorsque cette prise de possession est déclarée d'extrême urgence par le décret pris sur avis conforme du Conseil des ministres.

44. La rétrocession. Si, dans un délai de cinq ans, l'immeuble exproprié, n'a pas reçu la destination prévue ou a cessé de la recevoir, l'ancien propriétaire (ou ses ayants droit à titre universel) peut en demander la rétrocession au cours des trente années suivant la date de l'*ordonnance d'expropriation.*

45. La réquisition. La réquisition est un procédé autoritaire employé (à défaut d'accord contractuel) en cas d'urgence par l'Administration pour la fourniture de prestations : denrées, matières premières, travail, usage d'un local ; etc.

46. L'utilisation du domaine public par les particuliers

Sauf dans les cas de secrets d'État ou de la défense nationale, les particuliers ont généralement la possibilité d'utiliser les dépendances domaniales soit gratuitement, soit en payant un droit d'usage (billet de chemin de fer, péage d'autoroute, etc.), mais il ne s'agit que d'usage temporaire qui n'exclut pas la présence d'autrui.

Il est cependant des cas où les particuliers peuvent occuper plus ou moins durablement un point du domaine public, cette occupation étant le plus souvent exclusive de toute autre. Ils doivent alors bénéficier d'une autorisation particulière de l'Administration : *permis de stationnement* (taxi ou marchands forains) et *permission de voirie* (pose de canalisation ou installation d'un échafaudage) ; tout permis et toute permission peuvent être retirés. A coté des *autorisations unilatérales*, il faut signaler les *autorisations contractuelles* ou *concession*, dont le retrait unilatéral pourrait avoir pour conséquence le paiement d'une indemnité : concession pour l'installation d'un abattoir ou des cabines de bains, pour l'affichage, pour l'occupation d'un service public de transports, pour l'occupation d'une place sur un marché, pour l'organisation d'un service public de transports, pour l'occupation pendant quinze, trente, cinquante, cent ans ou plus, d'une tombe dans un cimetière, etc.

L'utilisation privative d'une parcelle du domaine public, sans autorisation préalable, et la dégradation d'une dépendance du domaine public constituent des *contraventions de grande voirie* pour lesquelles sont compétents soit les tribunaux de police (contravention sur une route, un chemin, une rue), soit les tribunaux administratifs (autres dépendances du domaine public).Il s'agit d'infractions matérielles dont l'auteur est dans la circonstances de la faute, même s'il y a eu tolérance de l'Administration.

47. Le domaine privé. Le domaine privé s'est considérablement accru du fait du développement des entreprises commerciales et industrielles publiques et des participations des administrations dans les entreprises privées. Un bien quelconque entre dans le domaine privé soit suivant les modes d'acquisition classiques : achats, échanges, dons, legs, soit suivant des procédés de droit public comportant ou non l'exercice de la puissance publique : expropriation pour cause de plus-value, usage du *droit de préemption* de l'administration fiscale, *confiscation*, etc. Le droit privé s'applique à la gestion des biens du domaine privé et même à leur aliénation, mais dans certaines conditions particulières, notamment en matière de vente d'immeubles.

III. LE SERVICE PUBLIC

48. La notion de service public. La notion de service public est floue et il ne semble pas qu'il puisse en être autrement, puisque ses limites se modifient constamment du fait de l'évolution des institutions administratives en fonction des interventions croissantes de la puissance publique dans les domaines économique et social.

D'après la jurisprudence, un service public est défini comme « une activité d'intérêt public gérée soit par une collectivité publique, soit sous sa haute direction, ce qui veut dire qu'elle en a déterminé dans ses grandes lignes l'organisation, et sous son contrôle » (M. Waline).

A. Les critères du service public

49. Pour qu'il y ait service public, il est nécessaire qu'il s'agisse d'une activité :

1- Orientée vers l'intérêt général (jusqu'en 1923, la jurisprudence administrative refusait le caractère de service public aux théâtres nationaux ; depuis, elle a reconnu ce caractère aux services de l'emploi et de la main-d'œuvre ou même à la location de chaises sur les promenades publiques ; à l'inverse, depuis 1905, la loi ne reconnaît plus le culte comme un service public) ;

2- De caractère continu ;

3- Adaptable aux besoins du public, qu'elle soit prise en charge par l'Administration elle-même ou par un concessionnaire ;

4- Accessible à tous les administrés dans les conditions identiques.

Tels sont les critères actuels du service public, mais la tendance dominante est maintenant de considérer de nombreuses activités privées comme des services publics au sens large du terme ; le commerce des denrées de première nécessité, la médecine, etc., constituent donc au sens large du mot des services publics ; cependant, cette qualité ne leur a pas encore été juridiquement reconnue, malgré la conception extensive que le Conseil d'État semble avoir fait sienne depuis la seconde guerre mondiale.

B. La gestion du service public

50. Les autorités publiques, nationales et locales, gèrent des services publics. Mais, de nombreux établissements publics administratifs ou industriels et commerciaux, ainsi que certaines sociétés d'économie mixte, constituent également des services publics. Mais, les notions de services publics et de secteur public ne se recouvrent pas, c'est ainsi que ni les banques nationalisées et bien d'autres encore, ne constituent pas des services publics.

51. Les conséquences de la reconnaissance du caractère de service public à une activité. Le service public est moins organisé et contrôlé par l'autorité publique ; il doit également être ouvert à tous les usagers. Par ailleurs, la reconnaissance à une activité du caractère de service public peut avoir des conséquences sur la situation juridique du personnel, sur la nature des contrats tendant à assurer le service public (suivant leur objet, ce sont soit les contrats privés, soit des contrats administratifs), ainsi que sur le caractère de la responsabilité que peut encourir l'autorité publique du fait des agents employés par le service public.

IV. La fonction publique

52. Le terme de « fonctionnaire public » est employé dans trois sens différents :

1- Il est appliqué par les tribunaux judiciaires à toute personne investie d'un mandat, électif ou non, et qui de ce fait est soumise à la législation pénale de la fonction publique ;

2-. Il est appliqué par les tribunaux administratifs à toute personne occupant un emploi permanent dans un cadre d'une administration de l'État, des départements, des communes ou des établissements publics et qui, de ce fait, est unie à l'Administration par un lien de droit public ;

3-. Il est appliqué par le statut de la fonction publique à tous les agents qui sont régis par ce statut, c'est-à-dire aux personnes nommées, puis titularisées, dans un emploi permanent dans un grade de la hiérarchie des administrations centrales de l'État, des services extérieurs en dépendant ou des établissements publics de l'État ; un statut du personnel des communes et des établissements publics communaux et intercommunaux est appliqué aux agents de ces administrations titularisés dans un cadre permanent à temps complet.

A. Le recrutement des fonctionnaires

53. Le statut de la fonction publique, complété par un statut propre à chaque cadre, prévoit les conditions de recrutement et d'avancement des fonctionnaires. Pour devenir fonctionnaire, il faut : être Congolais de naissance ou naturalisé depuis au moins cinq ans, jouir de ses droits civiques et être de bonne moralité, être en règle avec les lois sur le recrutement dans l'armée, satisfaire aux conditions d'aptitude physique de l'emploi postulé. En principe, les fonctionnaires sont nommés au concours (concours sur titres lors de la création d'un cadre nouveau), toutefois les cadres supérieurs sont recrutés parmi les élèves de l'École Nationale d'Administration et de Magistrature (E.N.A.M), l'accès de certains de ces cadres étant toutefois en tout ou partie laissé à la décision du gouvernement. Certains emplois subalternes sont réservés aux mutilés et victimes de la guerre, ce sont les emplois réservés.

B. Les positions du fonctionnaire

54. Tout fonctionnaire est placé dans l'une des cinq positions suivantes : activité, détachement, hors cadre, disponibilité, sous les drapeaux. Dans la position d'activité, le fonctionnaire perçoit un traitement et des indemnités accessoires dont le montant est fonction de la place qu'il occupe dans l'échelle hiérarchique, souvent déterminée par un échelon à l'intérieur d'un grade (les avancements d'échelon ont lieu à l'ancienneté, les avancements de grade au choix) ; ce fonctionnaire a droit à un congé annuel et à des congés de maladie à plein traitement, puis à demi traitement. La loi a interdit à plusieurs reprises de verser au fonctionnaire une indemnité qui n'est prévue ni par le statut général de la fonction publique ni par le statut de son corps. Le fonctionnaire peut démissionner, mais en pareil, cas sa démission doit être acceptée par l'autorité qui a le pouvoir de nomination.

C. Les devoirs et les droits du fonctionnaire

55. Tout fonctionnaire est responsable de l'exécution des tâches qui lui sont confiées, il doit assurer son service sous les ordres de l'autorité régulière, il est astreint à la discrétion sur les faits et informations dont il a connaissance du fait de ses fonctions, il est tenu d'observer dans la vie privée une certaine réserve et ne peut avoir d'intérêt direct ou indirect dans une entreprise soumise au contrôle de son administration ou en relation avec celle-ci. Il est interdit au fonctionnaire d'exercer, à titre professionnel, une activité privée lucrative, sauf s'il s'agit de travaux personnels de caractère littéraire, artistique ou scientifique. Le fonctionnaire a droit à une retraite et bénéficie d'un régime particulier de sécurité sociale. Sa liberté de conscience est totale. Il jouit du droit syndical et, dans le cadre des lois qui le réglementent du droit de grève ; il a droit à la protection de l'Administration contre les menaces, attaques, injures ou diffamation dont il peut être l'objet du fait de sa fonction.

D. La discipline des fonctionnaires et leurs garanties

56. Toute faute commise dans l'exercice des fonctions expose le fonctionnaire à une sanction disciplinaire : avertissement, blâme, radiation du tableau d'avancement, réduction d'ancienneté d'échelon, abaissement d'échelon, déplacement d'office, rétrogradation, mise à la retraite d'office, révocation avec pension. Le pouvoir disciplinaire appartient à l'autorité investie du pouvoir de nomination ; l'intéressé a droit à la communication de son dossier ; les sanctions autres que l'avertissement ou le blâme ne peuvent être prononcées qu'après avis de la *commission administrative paritaire* siégeant en fonction de la discipline ; le fonctionnaire frappé de l'une de ces sanctions peut solliciter l'intervention du Conseil de discipline de la fonction publique et engager – devant les juridictions administratives – un *recours contentieux* en vue de faire annuler la sanction. L'avancement du fonctionnaire bénéficie également, sous certaines conditions, de la garantie que représente la commission de discipline de la fonction publique et surtout de la juridiction administrative.

Par ailleurs, la loi pénale punit les manquements à certaines obligations professionnelles : concussion, corruption, trafic d'influence, suppression et détournement d'actes, etc.

57. Les auxiliaires et les contractuels. L'Administration recrute suivant ses besoins des auxiliaires temporaires et des agents sous contrat (contractuels), qui bénéficient toutefois de garanties moindres que les fonctionnaires.

PREMIERE PARTIE

ORGANISATION ET FONCTIONNEMENT DES CIRCONSCRIPTIONS ADMINISTRATIVES TERRITORIALES

CHAPITRE I

CIRCONSCRIPTIONS ADMINISTRATIVES

En nous fondant sur la loi n° 3-2003 du 17 janvier 2003, ce chapitre est consacré à l'étude de l'organisation et du fonctionnement des circonscriptions administratives.

I. L'ORGANISATION ADMINISTRATIVE TERRITORIALE

L'organisation administrative territoriale est structurée selon les principes de la déconcentration et de la décentralisation.

Elle vise :
- Le déploiement harmonieux de l'administration sur l'ensemble du territoire ;
- La mise en place d'une administration de proximité ;
- La création des conditions d'émergence d'une administration orientée vers le développement ;
- La promotion de la démocratie locale.
- La réalisation de l'unité nationale.

L'organisation administrative territoriale divise le territoire national en :
- Départements ;
- Communes ;
- Arrondissements ;
- Districts ;
- Communautés rurales ;
- Quartiers ;
- Villages ;

Le département et la commune sont à la fois des circonscriptions administratives et des collectivités locales. Le département est placé sous l'autorité d'un préfet, nommé en Conseil des ministres. La commune est une agglomération urbaine d'habitants résultant d'une même entité administrative et géographique, ayant un minimum de développement économique, social et culturel. La commune peut être subdivisée en arrondissements et en quartiers. La commune est placée sous l'autorité d'un maire élu.

L'arrondissement, les communes urbaines, la communauté rurale, le quartier et le village sont des circonscriptions administratives. Les départements, les communes, les arrondissements, les districts, les communautés rurales sont crées, modifiés ou supprimés par la loi. La loi fixe la dénomination, le chef-lieu et le ressort territorial des circonscriptions administratives, à l'exception du quartier et du village.

Paragraphe 1. L'administration déconcentrée

59. L'administration déconcentrée se traduit par le transfert des responsabilités à l'intérieur d'une même collectivité publique. La relation entre l'autorité centrale déconcentrée est hiérarchique. L'administration territoriale déconcentrée est assurée dans le cadre des circonscriptions administratives hiérarchisées, comme il est indiqué dans les articles 8 à 37 de la loi.

60. Le département. Le département est l'entité administrative qui assure le relais de l'action gouvernementale sur une portion du territoire national. Le département constitue l'échelon de conception, de programmation, d'harmonisation, de soutien, de coordination et de contrôle des actions et des opérations de développement économique, social et culturel qui s'y réalisent grâce à l'intervention de l'ensemble des administrations civiles de l'État. Il est également l'échelon d'exécution des réalisations d'intérêt général. Le département est un ensemble de districts et, dans certains cas, de communes résultant d'une même entité administrative et géographique. Il est constitué de quatre districts au moins.

61. L'arrondissement. L'arrondissement est une subdivision de la commune qui assure le relais de l'action gouvernementale dans la commune. Il doit remplir un minimum de conditions administratives, économiques et d'équipements socioculturels. Ne peut être érigée en arrondissement que la portion d'une commune remplissant les conditions prévues à l'alinéa premier du présent article et répondant au plan directeur de la ville. L'arrondissement est subdivisé en quartiers. L'arrondissement est placé sous l'autorité d'un administrateur-maire nommé par décret du Président de la République.

62. Le district. Le district est une circonscription administrative intermédiaire qui assure le relais de l'action gouvernementale dans le département. Le district constitue un groupement de villages résultant d'une même entité administrative, géographique et culturelle. Le district est subdivisé en communautés urbaines et en communautés rurales. Le district est placé sous l'autorité d'un sous-préfet, nommé par décret du Président de la République.

63. La communauté urbaine. La communauté urbaine est une circonscription administrative constituée par une agglomération urbaine d'habitants, comprenant un certain nombre de quartiers voisins appartenant à une même entité administrative et géographique, connaissant un minimum de développement économique, social et culturel ; elle est appelée à disposer de ressources susceptibles de garantir, à terme, les conditions d'une libre administration. La communauté urbaine est placée sous l'autorité d'un administrateur-maire, nommé par décret du Président de la République.

64. La communauté rurale. La communauté rurale est une circonscription administrative constituée par un groupement d'habitants d'une même agglomération rurale ayant un niveau de développement caractérisé par la présence d'un minimum d'infrastructures de base et de services publics tels que :

- Établissements scolaires ;
- Établissements sanitaires ;
- Centres secondaires d'état civil ;
- Marchés.

La communauté rurale regroupe un certain nombre de villages contigus sur un périmètre déterminé. Le chef-lieu de la communauté rurale est le village centre. La communauté rurale porte la dénomination du village centre. La communauté rurale est placée sous l'autorité d'un administrateur délégué nommé par arrêté du ministre chargé de l'administration du territoire et de la décentralisation.

65. Le quartier. Le quartier est l'entité administrative de base d'une commune, d'une communauté urbaine ou d'un arrondissement. Le quartier est composé d'habitants réunis par une communauté d'intérêts résultant du voisinage.

Le quartier est crée par arrêté du préfet du département sur rapport motivé du maire de la commune ou de l'administrateur-maire de la communauté urbaine : L'arrêté en définit les limites et la dénomination. Le quartier est placé sous l'autorité d'un chef de quartier nommé par arrêté du préfet.

66. Le village. Le village est l'entité administrative de base de la communauté rurale. Le village est composé d'habitants unis par une communauté d'intérêts économiques, sociologiques, culturels et historiques. Le village est crée par arrêté du préfet du département sur rapport motivé du sous-préfet du district. Le village est placé sous l'autorité d'un chef de village nommé par le préfet.

67. Les services déconcentrés. Dans le cadre des circonscriptions de l'administration déconcentrée sont organisés des services publics. Ils ont pour rôle de préparer et d'exécuter les décisions prises par le gouvernement, d'assurer l'unité administrative de l'État sur l'ensemble du territoire national. Les services déconcentrés sont constitués en directions ou en services. Ils sont soumis à l'autorité du préfet qui représente dans le département tous les ministres. Les services déconcentrés représentent les services centraux correspondants. Ils sont regroupés par circonscription administrative et ont, à chaque niveau, le même ressort territorial que celui de la circonscription. Toutefois, l'État peut créer des services déconcentrés auxquels il confère une compétence supra départementale. Dans les conditions déterminées par la loi, des services déconcentrés de l'État peuvent relever directement de l'autorité centrale compétente (articles 35 à 38).

Paragraphe 2. L'administration décentralisée

68. L'administration décentralisée se caractérise par la libre administration des collectivités distinctes de l'État dotées de la personnalité morale et de l'autonomie financière, gérées par des autorités élues. L'administration décentralisée se réalise dans le cadre du département et de la commune. Toute circonscription administrative ayant une population jugée suffisante et un niveau de développement permettant de dégager des ressources susceptibles de garantir, à terme, les conditions d'une libre administration et, sur rapport du ministre en charge de l'administration du territoire et de la décentralisation, peut être érigée en collectivité locale. Les collectivités locales, telles que déterminées ci-dessus, s'administrent librement par des Conseils élus dans les conditions prévues par la loi, notamment pour ce qui concerne leurs compétences, leurs ressources, leur mode d'organisation et de fonctionnement. Le département, prévu par l'article 174 de la Constitution, est substitué à la région telle que prévu par la loi n° 9 de mars 1995. Les communes de Brazzaville et de Pointe-Noire sont régies par un statut particulier déterminé par la loi. Toute communauté urbaine, ayant atteint un niveau de développement économique, social et culturel jugé suffisant pour disposer des ressources susceptibles de garantir les conditions d'une libre administration et sur rapport du ministre en charge de l'administration du territoire, peut être érigée en commune jouissant de la personnalité morale et de l'autonomie financière. Le chef-lieu d'une communauté rurale, ayant atteint un certain niveau de développement économique, social et culturel jugé suffisant et sur rapport du ministre en charge de l'administration du territoire et de la décentralisation, peut être érigé en communauté urbaine (*articles 35 à 38*).

II. Le fonctionnement des circonscriptions administratives territoriales (Decret n°2003-20 du 6 fevrier 2003)

69. Les circonscriptions administratives territoriales de la République du Congo sont :

- Le département ;

- Le district ;
- La commune ;
- La communauté urbaine ;
- L'arrondissement ;
- La communauté rurale ;
- Le quartier ;
- Le village.

Paragraphe 1. L'administration du département

Le département est placé sous l'autorité du préfet assisté dans l'exercice de ses fonctions d'un secrétaire général.

70. Le statut et la désignation. Le préfet est dépositaire de l'autorité de l'État dans le département : A ce titre, il défend l'État dans tout ce qui peut lui porter atteinte, représente le gouvernement et chacun des ministres. Il n'a pas le droit de se syndiquer et de se mettre en grève. Il a l'obligation de réserve. Le préfet est soumis au pouvoir hiérarchique du gouvernement et de chacun des ministres. Il a qualité pour recevoir de chaque ministre :

- Délégation des pouvoirs de décision dont peuvent être investis les services de l'État qui exercent leurs activités dans le département.

- Délégation de signature et des instructions relatives aux services de l'État qu'il coordonne.

Il rend compte de ses actes aux ministres compétents dans les formes et pour les objets déterminés par les instructions. Les actes contraires aux lois et règlements en vigueur, ou qui donnent lieu aux réclamations justifiées des parties concernées peuvent être annulés ou reformés par les ministres compétents. Le préfet informe le gouvernement par voie de rapport général établi trimestriellement sur la situation du département.

Il propose au gouvernement les personnes qui lui paraissent susceptibles de bénéficier d'une distinction honorifique. Il est soumis à une obligation de résidence. Toute absence du département nécessite l'autorisation du ministre en charge de l'administration du territoire et de la décentralisation. Toutefois, il peut entreprendre de sa propre initiative toute tournée qu'il juge nécessaire dans les limites de sa circonscription. Le préfet a droit au logement et à un véhicule de fonction. Il a également droit à un congé annuel qui ne peut dépasser un mois. Le préfet représente l'État en justice. Dans l'intérêt de l'État, il peut ester en justice. Il est tenu à un loyalisme strict envers le gouvernement. Il représente l'État dans les cérémonies publiques, sauf lorsqu'un membre du gouvernement est personnellement présent. Il peut donner délégation de signature :

- Au secrétaire général de la préfecture, y compris pour les attributions intéressant les chefs de services de l'État dans le département ;
- Aux chefs de services des administrations civiles de l'État dans le département ou à leurs subordonnés en ce qui concerne les matières relevant de leurs attributions. Les chefs de services peuvent subdéléguer leurs signatures à leurs subordonnés ;
- Aux sous-préfets pour les matières relevant des attributions du ministre en charge de l'administration du territoire et de la décentralisation.

Le préfet est nommé par décret du Président de la République en Conseil des ministres

- Soit parmi les administrateurs civils ;
- Soit parmi les personnes ayant au moins un diplôme de deuxième cycle de l'enseignement supérieur ;
- Soit parmi les officiers ;
- Soit parmi les personnes jouissant d'une notoriété publique et d'une grande expérience professionnelle.

Il est mis fin à ses fonctions dans les mêmes formes. Le préfet est placé sous l'autorité du ministre en charge de l'administration du territoire et de la décentralisation. Les frais de représentation de l'État par le préfet sont couverts par l'État.

Paragraphe 2. Les attributions administratives

71. Le préfet a la charge des intérêts nationaux, du respect des lois et de l'ordre. Il veille à l'exécution des règlements et des décisions gouvernementales, il est qualifié pour conclure des contrats au nom de l'État dans le cadre du département. Le préfet exerce, sous l'autorité des ministres compétents, le pouvoir hiérarchique sur les chefs des circonscriptions administratives, les chefs des services déconcentrés de l'État, et sur tous les agents de l'État, à l'exception des agents du corps judiciaire et des forces armées. Il a autorité directe sur les délégués ou correspondants de ces administrations. L'autorité du préfet s'étend également sur les services interdépartementaux pour l'exercice de leurs missions qui s'inscrivent dans le cadre départemental. Le préfet dispose du pouvoir de notation du personnel. Il propose, chaque année, aux ministres compétents, la note des chefs de services départementaux des administrations civiles. La note définitive est attribuée par l'autorité investie du pouvoir de nomination. Cette note doit être communiquée au préfet. Le préfet est consulté préalablement sur toute mutation ou nomination des chefs de services départementaux. Il détient un pouvoir propre de décision et un pouvoir réglementaire qui lui permet, à côté des mesures individuelles, d'édicter des prescriptions générales sous forme de :

- Arrêtés ;
- Décisions ;
- Instructions ;
- Circulaires.

Il tient un registre de ces prescriptions dont il communique les copies au ministre en charge de l'administration du territoire et de la décentralisation. Il est le point de passage de toute correspondance échangée entre l'administration centrale de l'État et les services déconcentrés. Il est le destinataire unique de toutes les instructions, notes de service, circulaires des administrations centrales de l'État, ainsi que des services soumis à son autorité. Toutefois, en cas d'urgence, les membres du gouvernement peuvent s'adresser directement aux chefs des services déconcentrés relevant de leur autorité. Le préfet doit en être informé. Les correspondances d'ordre technique ou de gestion courante adressées, par les services déconcentrés de l'État dans le département, aux collectivités locales sont acheminées sous le couvert du préfet. Le préfet est l'unique ordonnateur délégué des administrations de l'État dont il coordonne l'activité. Il est responsable de l'utilisation des crédits de l'État par les chefs des circonscriptions administratives et les chefs des services déconcentrés. Il est également responsable de la gestion du patrimoine immobilier, du mobilier et des matériels de l'État dans le département, à l'exception de ceux affectés à la défense nationale, aux collectivités locales, aux cours et tribunaux. Il assure la cohérence des projets immobiliers de l'État dans le département pour une période de cinq ans. Il est relayé chaque année par un programme départemental d'équipements et d'entretien élaboré par le préfet après avis du collectif des chefs de service. Le préfet tient des réunions périodiques avec les chefs des circonscriptions administratives et les chefs de services déconcentrés de l'État. Il préside également les concertations avec les partenaires de l'État, notamment les collectivités locales, les associations, les syndicats, les groupements professionnels et les organismes consulaires. Le préfet reçoit les dossiers de déclaration et de constitution des associations, et en délivre récépissé.

72. Il instruit et transmet au ministre en charge de l'administration du territoire et de la décentralisation les dossiers de :

- Déclaration et constitution des associations religieuses ;
- Demande de naturalisation, de réintégration et de renonciation à la nationalité congolaise
- Autorisation d'achat et de port d'armes ;
- Demande de titre de séjour.

Le préfet est responsable de l'organisation des élections dans le département. Il supervise le recensement administratif. Le préfet est garant de l'ordre public. Il a l'autorité de police générale du département. Il est compétent pour prendre les mesures relatives à l'ordre, à la sûreté, à la sécurité et à la salubrité publique. Il exerce dans le département les attributions de police judiciaire, donne des ordres directs aux services de police et adresse des demandes de concours à la gendarmerie. Il peut personnellement requérir les officiers de police judiciaire de faire tous les actes nécessaires à l'effet de constater les crimes et délits contre la sûreté intérieure et extérieure de l'État et d'en livrer les acteurs aux tribunaux. Ce pouvoir comporte le droit d'opérer des perquisitions ou des arrestations. Il reçoit le compte rendu de tout événement, infraction ou action concernant la sécurité, l'observation des lois et règlements dans la circonscription et l'exécution des services. Il exerce les compétences de toute autre police spéciale, en particulier celle des réunions, de chasse, de la pêche, des débits de boissons, des transferts ou des installations classées, des jeux, des spectacles, des vidéoclubs et des salles de cinéma. Il délivre les autorisations d'ouverture et de gérance des débits de boissons, des établissements touristiques, des salles de jeux, des spectacles, des vidéoclubs et de cinéma. Il peut ordonner la fermeture par décision motivée. La décision est immédiatement communiquée au ministre en charge de l'administration du territoire et de la décentralisation. Le préfet assure la police de la circulation. Il assure la police des frontières avec le concours des services compétents de la police.

73. Les attributions en matière de sécurité sociale. Le préfet est responsable de la préparation et de l'exécution des mesures de défense civile et de protection sanitaire dans le département. Il met en œuvre les mesures de sauvegarde en cas de catastrophe, de calamité naturelle, d'épidémies ou d'épizooties, et a autorité sur l'ensemble des moyens du département qui concourent à la mise en œuvre des plans d'urgence. Il déclare la zone sinistrée ou infectée.

74. Les attributions en matière de défense. Le préfet préside le Conseil de défense du département. Il assure la préparation, la conduite et la coordination des mesures concourant à cet effet, notamment par le rationnement et les réquisitions. Il détient le pouvoir de requérir la force armée. Le préfet est informé, par les autorités militaires et de la police, de toute affaire qui peut avoir une importance particulière dans le département.

75. Les attributions en matière économique et financière. Le préfet doit assurer le développement économique du département. Il doit veiller au bon fonctionnement des entreprises afin de promouvoir l'emploi et d'en éviter les pertes. Il intervient notamment dans les domaines économiques ci-après.

- Demandes d'aides instruites par les services de l'État pour les investissements
- Les problèmes de développement ou de restructuration d'entreprises et, d'une façon générale, des décisions prises au nom de l'État, à l'égard des entreprises dont la situation est de nature à affecter l'équilibre du marché local de l'emploi ;
- La participation de l'État au capital, au Conseil ou comité de gestion des entreprises privées conformément aux lois et règlements en vigueur ;
- La présidence des commissions départementales à compétence financière.

76. Le préfet est obligatoirement informé sur toutes les demandes des concours de l'État ou d'exonérations fiscales, destinées à la réalisation des projets d'investissements. Il est de même tenu informé du choix des investissements réalisés par l'État dans son département. Le préfet détient une compétence consultative en ce qui concerne l'aide aux entreprises. À ce titre, il est obligatoirement consulté sur toute demande d'aide instruite par les services de l'État et destinée à faciliter toute opération d'investissement dans le département ou de restructuration d'une entreprise située dans le département. Les formes d'aide susceptibles d'être apportées à une entreprise ayant des activités dans le cadre du département sont les suivantes :

- Les subventions ;
- Les prêts ;
- Les avantages fiscaux ;
- L'exonération de la taxe professionnelle sous certaines conditions.

Le préfet est consulté sur toutes les décisions administratives à prendre au nom de l'État à l'égard des entreprises du département dont la situation est de nature à affecter l'équilibre du marché local de l'emploi. Seul le chef des services fiscaux ou le trésorier payeur départemental détermine si la situation de l'entreprise et son importance, au regard du marché local de l'emploi, justifient la consultation du préfet. Il représente personnellement l'État, par l'intermédiaire d'un ou de plusieurs délégués, dans les entreprises qui bénéficient du concours de l'État. Il doit être tenu personnellement au courant de la marche des organismes ou des entreprises bénéficiant du concours de l'État. La représentation s'impose de façon obligatoire dans les sociétés d'économie mixte, dans les entreprises à capitaux publics et dans les conditions ci-après :

- Si un règlement intérieur ou les statuts prévoient la représentation de l'État dans cet organisme ;
- Si l'action de ces entreprises ou organismes ne dépasse pas les limites du département

Le préfet intervient de façon générale dans toutes les commissions financières qui étudient les possibilités d'aide aux entreprises. Il rassemble les données économiques et sociales propres à la circonscription, il reçoit les avis des organes du département en tant que collectivité décentralisée, en ce qui concerne la préparation du plan national et de sa tranche départementale. Il propose les mesures utiles à l'élaboration du plan. Ces mesures sont transmises au ministre en charge du plan et de l'aménagement du territoire. Il assure la coordination départementale de la planification.

Paragraphe 3. Les attributions de contrôle sur les collectivités locales

Le préfet exerce, conformément à la loi, le contrôle des actes des autorités locales décentralisées et de leurs établissements publics ayant leur siège dans le département. Il peut, s'il estime un acte illégal, exercer contre cet acte un recours devant le juge administratif. Il est seul compétent pour la négociation et la signature, au nom de l'État, de toute convention de quelque nature que ce soit avec les autorités locales décentralisées ou leurs établissements publics dans le cadre du département.

Le préfet dispose dans l'exercice de ses fonctions d'un cabinet. Le chef de cabinet est placé sous l'autorité du préfet, il a rang et prérogatives de sous-préfet. La composition et les attributions du cabinet sont définies par un arrêté du ministre en charge de l'administration du territoire et de la décentralisation.

Paragraphe 4. Le secrétaire général de département

Le statut du secrétaire général et ses attributions sont définis par la loi.

Statut et désignation

78. Le secrétaire général de département est nommé par décret du Président de la République sur proposition du ministre en charge de l'administration du territoire :

- Soit parmi les cadres de l'administration du territoire ;
- Soit parmi les personnes jouissant d'une notoriété publique et d'une grande expérience professionnelle. Il est mis fin à ses fonctions dans les mêmes formes. Le secrétaire général de

département est soumis à l'obligation de réserve. Le secrétaire général de département est placé sous l'autorité directe du préfet, il assiste le préfet dans l'exercice de ses fonctions. Il joue le rôle de conseiller administratif et juridique auprès du préfet. Il le supplée de plein droit en cas d'absence ou d'empêchement.

Les attributions

79. Le secrétaire général de département est chargé, notamment :

- De la coordination de l'action des circonscriptions administratives et des services déconcentrés de l'État ;
- Du contrôle de légalité des actes des organes et autorités locales ;
- De l'étude et du suivi des questions relatives à l'activité socio-économique ;
- Du suivi des questions relatives aux frontières et limites territoriales ;
- Du suivi de l'exécution des crédits délégués.

Le secrétaire général de département exerce l'autorité hiérarchique sur les chefs des services déconcentrés et les agents de l'État. Il dirige, sous l'autorité du préfet, les directions départementales des services préfectoraux.

Il peut recevoir du préfet délégation permanente de pouvoir et de signature pour ce qui concerne notamment :

- Les polices administratives générales et les polices spéciales ;
- La supervision du recensement administratif, de l'établissement et de la révision des listes électorales ;
- La préparation technique et l'organisation de l'état civil ;
- La gestion du personnel et du patrimoine ;
- La tenue et la conservation des archives.

Le secrétaire général de département peut représenter le préfet dans les commissions administratives et les Conseils d'administration des établissements, entreprises et organismes publics dont l'action ne dépasse pas les limites du département, dans les conditions prévues par les textes en vigueur.

Paragraphe 5. L'administration du District

Le district est placé sous l'autorité du sous-préfet. Le sous-préfet est assisté dans l'exercice de ses fonctions d'un secrétaire général.

Le sous-préfet

80. Le sous-préfet est placé sous l'autorité directe du préfet qu'il représente dans sa circonscription. Il agit, à ce titre, par délégation du préfet. Le sous-préfet a droit au logement et à un véhicule de fonction. Il a également droit à un congé annuel qui ne peut dépasser un mois. Il est soumis à l'obligation de réserve. Le sous-préfet est nommé par décret du Président de la République sur proposition du ministre en charge de l'administration du territoire :

- Soit parmi les cadres de l'administration du territoire ;
- Soit parmi les personnes jouissant d'une notoriété publique et d'une grande expérience professionnelle.

Il est mis fin à ses fonctions dans les mêmes formes.

81. Les attributions. Le sous-préfet assiste le préfet dont il est le délégué pour les affaires relevant de sa circonscription administrative. Il est dépositaire de l'État. À ce titre :

- Il informe régulièrement le préfet de la situation de sa circonscription ;
- Il veille au respect des lois et règlements et concourt au maintien de la sécurité, et de l'ordre public et à la protection de la population ;
- Il prend ou suggère les mesures nécessaires à la prévention ou à la lutte contre les calamités susceptibles de mettre en danger la santé, la sécurité des populations et les activités socio-économiques de sa circonscription.

Le sous-préfet anime et coordonne l'action des services de l'État pour la mise en œuvre des politiques nationales et locales, notamment en matière d'aménagement du territoire et de développement. Il participe au contrôle administratif intéressant les collectivités locales. Il participe à la préparation du budget du département et contribue au rapprochement entre l'administration et les citoyens. Il adresse au préfet un rapport trimestriel sur l'état de sa circonscription. Le sous-préfet anime et coordonne l'activité des services des administrations civiles de l'État.

82. Il a autorité directe sur les administrateurs-maires des communautés urbaines et des administrateurs délégués des communautés rurales, exerce le pouvoir hiérarchique sur l'ensemble des agents de l'État en service dans le district, à l'exception des agents relevant du corps judiciaire et des forces armées. Le sous-préfet assure le contrôle administratif des communautés rurales, des services et des établissements publics de l'État dont l'action ne dépasse pas les limites du district. Il peut, à cet effet, leur demander communication des correspondances reçues, des registres et de tout autre document administratif et comptable. Le sous-préfet est soumis à une obligation de résidence. Toute absence du département nécessite l'autorisation du préfet. Toutefois, il peut entreprendre de sa propre initiative toute tournée qu'il juge nécessaire dans les limites de sa circonscription. Il est officier d'état civil. Il veille au fonctionnement régulier des centres d'état civil de sa circonscription. À cet effet, il tient les registres, délivre les actes originaux de naissance, de mariage et de décès et en assure la conservation. Il célèbre les mariages. Il établit les expéditions des actes administratifs et d'état civil. Le sous-préfet prépare et organise les élections dans sa circonscription. A ce titre, il assure le recensement administratif annuel de la population, tient les monographies et en assure la conservation, dresse les listes électorales et procède à leur révision périodique. Il veille au maintien de l'ordre public, de la sécurité, de la protection des personnes et des biens et de la sauvegarde des installations et des ressources d'intérêt public. De même, il veille à l'exécution des mesures de sûreté générale. Il dispose, à cet effet, des forces de police et bénéficie du concours des unités de gendarmerie stationnées dans sa circonscription. Il leur donne les directives ou les instructions nécessaires à l'exécution d'une mission déterminée. En cas d'urgence, il prend toutes les mesures conservatoires nécessaires et saisit immédiatement le préfet. Il suggère ou prend toutes les mesures nécessaires pour prévenir ou combattre les calamités susceptibles de mettre en danger la santé de la population ou les activités socio-économiques de la circonscription. Le sous-préfet exerce le pouvoir de police administrative.

À ce titre, il reçoit, instruit et transmet au préfet, notamment, les dossiers ci-après :

- Les demandes de naturalisation des étrangers ou renonciation à la nationalité congolaise ;
- Les demandes d'autorisation de transport public de voyageurs et de marchandises ;
- Les déclarations d'associations et de congrégations religieuses ;
- L'autorisation d'ouverture et de gérance des débits de boissons, de salles de jeux, de spectacles, de vidéoclubs et de salles de cinéma ;
- Les demandes d'autorisation d'achat d'armes de chasse ;
- Les demandes d'installation des établissements dangereux, incommodes et insalubres :
- Les demandes de titre de séjour. Il tient les fichiers y relatifs.

83. Le sous-préfet applique la règlementation sur les dépôts de vente de munitions, de poudre noire de chasse, des débits de boissons, des établissements dangereux, incommodes et insalubres, des salles de jeux, des spectacles et des vidéoclubs et des salles de cinéma. Il peut procéder à leur fermeture provisoire par décision motivée et rend compte au préfet. Il est chargé de l'application de la réglementation sur la protection de l'environnement, des aires protégées, des sites et édifices classés. Il est officier de police judiciaire. Il est compétent pour constater les crimes et délits. Il prend toutes mesures utiles pour que les auteurs soient déférés devant les juridictions compétentes. Il peut ainsi faire procéder à des saisies, des perquisitions et des arrestations conformément à la loi. Le sous-préfet assure le recensement annuel des personnes imposables, en vue de l'établissement des rôles d'impôts et de la mise en recouvrement de ceux-ci. Il propose les mesures destinées à améliorer leur rendement. Le sous-préfet gère les crédits délégués mis à sa disposition. Il propose ou prend toutes mesures utiles susceptibles d'assurer le développement économique, social et culturel de sa circonscription. Il contrôle le fonctionnement des organismes d'assistance sociale publics ou privés subventionnés. Il exerce le pouvoir règlementaire, par voie d'arrêtés et de décisions. Les actes réglementaires du sous-préfet ne sont exécutoires qu'après avoir été portés à la connaissance des intéressés par la voie de notification ou de publication sans préjudice des recours prévus par les lois et règlements. Ceux-ci sont inscrits par ordre chronologique dans les registres du district.

Paragraphe 6. Le secrétaire général de district

84. Le secrétaire général de district assiste le sous-préfet dans l'exercice de ses fonctions. Il le supplée en cas d'absence ou d'empêchement. Il joue auprès de lui le rôle de conseiller administratif et juridique. Le secrétaire général de district est nommé par arrêté du ministre en charge de l'administration du territoire :

- Soit parmi les cadres de l'administration du territoire ;
- Soit parmi les personnes jouissant d'une notoriété publique et d'une grande expérience professionnelle.

Il est mis fin à ses fonctions dans les mêmes formes. Le secrétaire général de district est le collaborateur du sous-préfet. Il est soumis à l'obligation de réserve.

85. Les attributions. Sous l'autorité du sous-préfet à qui il rend compte et devant lequel il est responsable, le secrétaire général de district veille au bon fonctionnement de l'administration du district. A ce titre, il coordonne et contrôle l'action des circonscriptions administratives et des services déconcentrés de l'État installés dans le district. Le secrétaire général de district a la responsabilité de toutes tâches administratives.

À cet effet, il reçoit du sous-préfet délégation de pouvoir et de signature pour ce qui concerne notamment :

- L'animation du secrétariat ;
- L'exploitation des rapports en provenance des circonscriptions administratives et des services déconcentrés ;
- La gestion du personnel et du patrimoine ;
- La tenue des divers fichiers ;
- Le bon fonctionnement du système d'état civil ;
- L'exécution du recensement administratif, l'établissement et la révision des listes électorales, la préparation et l'organisation technique des élections ;
- La tenue et la conservation des archives ;
- Les polices administratives générales et spéciales.

Paragraphe 7. L'administration de la commune

L'administration de la commune est assurée par le maire.

Il est assisté dans l'exercice de ses fonctions d'un secrétaire général.

Le maire

86. Le maire est le représentant de l'État dans la commune. Il est soumis à l'obligation de réserve. Le maire est élu au sein du Conseil municipal dans les conditions prévues par la loi. Il a droit au logement et à un véhicule de fonction. Il a droit à un congé annuel qui ne peut dépasser un mois.

Les attributions. Sous l'autorité du préfet à qui il rend compte, le maire est dans la commune le dépositaire du pouvoir de l'État. À ce titre, il veille à l'exécution des lois et règlements. Il est responsable de la mise en œuvre de la politique et des décisions du gouvernement dans la commune. Il exerce l'autorité hiérarchique sur les administrateurs-maires des arrondissements de son ressort territorial. Le maire assure l'exécution des mesures de sûreté générale et dispose du pouvoir de police générale. Il veille au maintien de l'ordre public. À ce titre, il dispose des forces de police et bénéficie du concours des unités de gendarmerie stationnées dans sa circonscription. Il est officier de police judiciaire. Il est compétent pour constater les crimes et délits. Il prend toutes mesures utiles pour que les auteurs soient déférés devant les juridictions compétentes. Le maire exerce le pouvoir de police administrative générale et de polices spéciales. Il assure la tranquillité, la sécurité et la salubrité publiques. Il veille au maintien de l'ordre sur les lieux de grands rassemblements de personnes. Le maire est chargé de la police municipale.

Cette fonction concerne notamment :

- La sûreté et la commodité de passage dans les rues, quai, places et voies publiques, le nettoiement, l'éclairage public, l'enlèvement des encombrements, la démolition ou la réparation des édifices menaçant de ruine, l'interdiction d'exposer aux fenêtres ou à d'autres parties des édifices tout objet pouvant causer des dommages à autrui ou causer des exhalaisons nuisibles ;
- Le soin de maintenir la tranquillité publique en réprimant les rixes et disputes accompagnées d'amusements dans les rues, le

tumulte provoqué dans les lieux publics, les attroupements, les bruits, les rassemblements nocturnes et tous actes de nature à troubler le repos des citoyens ;

- Le maintien du bon ordre dans les endroits où il y a de grands rassemblements de personnes tels que : les foires, les marchés, les cérémonies publiques, les funérailles, les spectacles, les jeux, les cafés, les cybercafés, les églises et autres lieux publics ;

- Le soin de veiller à ce que toute personne décédée soit inhumée décemment ;

- Le mode de transport des personnes décédées, les inhumations, les exhumations, le maintien du bon ordre et de la décence dans les cimetières ;

- Le contrôle de la qualité des denrées qui se vendent à l'étalage, au poids ou à la mesure et de la salubrité des combustibles exposés, en vente ;

- Le soin de prévenir, par des précautions convenables et la distribution des secours nécessaires, les accidents et les fléaux calamiteux tels que les incendies, les inondations, les éboulements de terrain, les maladies épidémiques, ou contagieuses, les épizooties ;

- Le soin de prendre provisoirement les mesures nécessaires sur les aliénés dont l'état pourrait compromettre la morale publique, la sécurité des personnes et des biens ;

- La mission d'empêcher la divagation des animaux malfaisants ou féroces.

À cet effet, et sur sa demande, l'autorité supérieure détache auprès de la municipalité le nombre d'agents nécessaires ;

- Le droit de représenter la commune en justice tant en demande qu'en défense. Le maire assure la police de la circulation.

À ce titre, il peut :

- Interdire à certaines heures, l'accès de certaines portions de rues de la commune, ou en réserver à certaines catégories de véhicules ou d'usagers ;

- Réglementer l'arrêt et le stationnement des véhicules ou de certaines catégories d'entre eux, et la desserte des immeubles riverains de la voie publique ;

- Instituer à titre permanent, provisoire ou intermittent pour les véhicules affectés à un service public des aires de stationnement réservées sur les voies publiques ;

- Réserver des emplacements sur la voie publique pour faciliter la circulation et le stationnement des véhicules de transport public des voyageurs et des marchandises.

Le maire veille à l'application de la réglementation relative aux débits de boissons, aux cafés, aux restaurants, aux salles de jeux, aux spectacles, aux salles de cinéma, aux cybercafés, aux vidéoclubs, à la publicité, à l'affichage, à la pêche, à l'environnement, au contrôle des prix, aux établissements dangereux, incommodes et insalubres. Il déclare, sur proposition du service compétent ou d'office, une zone déterminée infectée en cas d'épidémie ou d'épizootie. En période exceptionnelle et pour tout ou partie de la commune, le maire assure la répartition des denrées et des produits mis à sa disposition, conformément au plan de ravitaillement. Il est officier d'état civil. Il tient les registres, délivre les actes relatifs aux naissances, mariages, décès, et en assure la conservation. Il veille au fonctionnement régulier des centres d'état civil de son ressort territorial. Il assure la préparation et l'organisation technique des élections. Il effectue le recensement administratif annuel de la population, dresse les listes électorales et procède à leur révision périodique. Le maire exerce le pouvoir réglementaire par voie d'arrêtés ou décisions. Les arrêtés ou les décisions du maire sont exécutoires dès leur publication au journal de la commune, par affichage ou par annonce publique et, le cas échéant, après accusé de réception par le préfet. Lorsque ces actes ont un caractère individuel, ils doivent, pour être opposables aux tiers, être préalablement communiqués aux intéressés. Toute personne s'estimant lésée par un acte réglementaire du maire peut engager tout recours selon la procédure prévue par les lois et règlements en vigueur.

Paragraphe 8. Le secrétaire général de commune

87. Le secrétaire général de commune est placé sous l'autorité directe du maire à qui il rend compte et devant lequel il est responsable. Il assure la coordination et l'animation des services municipaux. Le secrétaire général exerce l'autorité hiérarchique sur les chefs de services et l'ensemble des agents municipaux. Il est nommé par arrêté du président du Conseil municipal parmi les cadres de la fonction publique du territoire. Il est mis fin à ses fonctions dans les mêmes formes. Il est soumis à l'obligation de réserve.

Les attributions. Le secrétaire général de commune reçoit du maire délégation permanente de pouvoir et de signature pour ce qui concerne :

- La conservation et l'administration du patrimoine municipal, ainsi que l'établissement des actes conservatoires des droits patrimoniaux ;
- La gestion des revenus des établissements municipaux et du personnel ;
- Les polices administratives générales et les polices spéciales ;
- L'état civil, à l'exception des actes relatifs aux mariages ;
- Le recensement administratif, l'établissement et la révision des listes électorales, la préparation et l'organisation technique des élections.

Paragraphe 9. L'administration de l'arrondissement

88. L'arrondissement est placé sous l'autorité d'un administrateur-maire. Il est nommé par le décret du Président de la République :

- Soit parmi les cadres de l'administration du territoire ;
- Soit parmi les personnes jouissant d'une notoriété publique et d'une grande expérience professionnelle. Il est assisté dans l'exercice de ses fonctions d'un secrétaire général. Il est soumis à l'obligation de réserve

L'administrateur-maire

89. L'administrateur-maire est dans l'arrondissement le dépositaire de l'autorité de l'État. Il veille, sous l'autorité du maire de la commune, à l'exécution des lois et règlements de la République, des décisions du gouvernement et des délibérations du Conseil municipal. Il dispose du pouvoir réglementaire qu'il exerce sous forme de décisions, des notes de service et de circulaires qui sont immédiatement transmises au maire de la commune. L'administrateur-maire est responsable devant le maire de la commune à qui il rend compte et devant lequel il est responsable.

À ce titre :

- Il informe régulièrement le maire de la situation de sa circonscription :
- Il veille au respect des lois et règlements et concourt au maintien de la sécurité et de l'ordre et à la protection de la population ;
- Il prend ou suggère les mesures nécessaires à la prévention ou à la lutte contre les calamités susceptibles de mettre en danger la santé, la sécurité des populations et les activités socio-économiques dans sa circonscription.

L'administrateur-maire est, par délégation du maire de la commune notamment, chargé de :

- Conserver et administrer le patrimoine municipal mis à sa disposition et d'en établir les actes conservatoires des droits patrimoniaux ;
- Gérer le personnel municipal et les agents de l'État en service dans l'arrondissement ;
- Gérer les crédits mis à sa disposition ;
- Prendre toutes les mesures relatives à l'entretien des voies, des espaces et jardins publics ;
- Suivre l'exécution des travaux municipaux dans l'arrondissement ;
- Procéder chaque année au recensement administratif de la population et des personnes imposables ;
- Dresser les listes électorales et procéder à leur révision périodique.

L'administrateur-maire est officier d'état civil. Il tient les registres, délivre les actes relatifs aux naissances, mariages, décès et en assure la conservation. Il veille au fonctionnement régulier du centre d'état civil. Il est sous l'autorité du maire de la commune responsable de l'ordre public et de la sécurité des personnes et des biens. Il veille à l'exécution des mesures de sûreté générale. Il dispose, à cet effet, des forces de police et bénéfice du concours des unités de la gendarmerie nationale stationnées dans sa circonscription. Il leur donne les directives ou les instructions nécessaires à l'exécution d'une mission déterminée. En cas d'urgence, il prend toutes mesures nécessaires pour prévenir ou combattre les calamités susception de mettre en danger la santé de la population et les activités socio-économiques de sa circonscription. L'administrateur-maire est officier de police judiciaire. À ce titre, il est compétent pour constater les crimes et délits. Il prend toutes mesures pour que les auteurs soient déférés devant les juridictions compétentes. Il peut, ainsi, faire procéder à des saisies, à des poursuites et à des arrestations conformément à la loi.

Paragraphe 10. Le secrétaire général d'arrondissement

90. Le secrétaire général d'arrondissement est nommé par arrêté du ministre de l'administration du territoire :

- Soit parmi les cadres de l'administration du territoire ;
- Soit parmi les personnes jouissant d'une notoriété publique et d'une grande expérience professionnelle. Il est mis fin à ses fonctions dans les mêmes formes. Le secrétaire général d'arrondissement est soumis à l'obligation de réserve.

Il est placé sous l'autorité de l'administrateur-maire dans l'exercice de ses fonctions, excepté la célébration de mariage.

Il a en charge :

- La conservation et l'administration du patrimoine de l'arrondissement, ainsi que l'établissement des actes conservatoires de droits patrimoniaux ;
- La gestion des revenus des établissements municipaux et du personnel ;
- Les polices administratives générales et les polices spéciales ;
- L'État civil à l'exclusion des actes relatifs aux mariages ;
- Le recensement administratif, l'établissement et la révision des listes électorales, la préparation et l'organisation technique des élections.

Paragraphe 11. L'administration de la communauté urbaine

91. La communauté urbaine est placée sous l'autorité d'un administrateur-maire nommé par arrêté du ministre de l'administration du territoire. Il est mis fin à ses fonctions dans les mêmes formes. Il est assisté, dans l'exercice de ses fonctions, d'un secrétaire général de la communauté urbaine.

L'administrateur-maire. L'administrateur-maire est dans la communauté urbaine le dépositaire de l'autorité de l'État.

Il veille, sous l'autorité du sous-préfet à qui il rend compte, à l'exécution des lois et règlements, ainsi que des décisions du gouvernement. Il est soumis à l'obligation de réserve. Il exerce le pouvoir réglementaire, par voie d'arrêtés, de décisions, de notes de service et de circulaires.

L'administrateur-maire est chargé notamment de :

- Gérer le personnel en service dans la communauté urbaine ;
- Gérer les crédits mis à sa disposition ;
- Prendre toutes les mesures relatives à l'entretien des voiries, espaces et bâtiments publics dont il a la charge ;
- Participer à l'élaboration des documents d'urbanisme et veiller à la bonne exécution des plans d'urbanismes et des travaux urbains ;
- Procéder, chaque année, au recensement administratif des personnes imposables ;
- Promouvoir l'équipement culturel, sanitaire, sportif et socio-éducatif ;
- Établir les listes électorales et procéder à leur révision ;
- Créer et entretenir des espaces verts ;

L'administrateur-maire intervient également dans les domaines ci-après :

- L'eau et l'assainissement ;
- L'habitat ;
- La défense contre l'incendie ;
- La voirie et réseaux divers ;
- Les marchés d'intérêt communautaire ;
- La signalisation et les parcs de stationnement ;
- Les cimetières ;
- L'éclairage public.

L'administrateur-maire est officier d'état civil. Il tient les registres, délivre les actes relatifs aux naissances, mariages, décès et en assure la conservation. Il veille au fonctionnement régulier du centre d'état civil.

L'administrateur-maire exerce, sous l'autorité du sous-préfet, le pouvoir de police administrative générale pour ce qui concerne notamment :

- La tranquillité, la sécurité des personnes et des biens, et la salubrité ;

- La sûreté et la commodité de passage sur les quais, les places et voies publiques ;

- Le mode de transport, l'inhumation, et l'exhumation des personnes décédées, l'entretien des cimetières ;

- La réglementation de la chasse, de la pêche, de la publicité, de l'affichage, du contrôle et de la liberté de commerce.

L'administrateur-maire est dépositaire du pouvoir de police générale. Il veille au maintien de l'ordre public. Il peut prendre toutes mesures utiles au maintien et au rétablissement de l'ordre public. À ce titre, il dispose des forces de police et bénéficie du concours de la gendarmerie. Il donne des ordres directs aux services de police et adresse des demandes de concours à la gendarmerie. Il reçoit des services de police compte rendu de tout événement ou action concernant la sécurité, l'observation des lois et règlements dans la circonscription. Il est officier de police judiciaire, il est compétent pour constater les crimes et délits, il prend toutes mesures pour que les auteurs soient déférés devant les juridictions compétentes. Il peut, ainsi, procéder à des saisies, perquisitions et arrestations conformément à la loi. L'administrateur-maire de la communauté urbaine est, de manière spécifique, chargé de préparer et d'assurer les conditions nécessaires à l'érection de la communauté urbaine en commune.

Paragraphe 12. Le secrétaire général de la communauté urbaine

92. Le secrétaire général de la communauté urbaine est nommé par arrêté du ministre en charge de l'administration du territoire et de la décentralisation :

- Soit parmi les cadres de l'administration du territoire ;

- Soit parmi les personnes jouissant d'une notoriété publique et d'une grande expérience professionnelle.

Il est mis fin à ses fonctions dans les mêmes formes. Le secrétaire général de la communauté urbaine assiste l'administrateur-maire dans l'exercice de ses fonctions. Sous l'autorité directe de l'administrateur-maire à qui il rend compte, le secrétaire général est chargé de la coordination et de l'animation des services de la communauté urbaine. Il supplée l'administrateur-maire en cas d'absence ou d'empêchement, à l'exception des célébrations de mariages.

Paragraphe 13. L'administration de la communauté rurale

93. La communauté rurale est placée sous l'autorité d'un administrateur délégué, nommé par arrêté du ministre de l'administration du territoire :

- Soit parmi les cadres de l'administration du territoire ;
- Soit parmi les personnes jouissant d'une notoriété publique et d'une grande expérience professionnelle. Il est mis fin à ses fonctions dans les mêmes formes. Il est assisté dans l'exercice de ses fonctions d'un secrétaire administratif.

L'administrateur-délégué. L'administrateur-délégué est placé sous l'autorité directe du sous-préfet du district de son ressort territorial devant lequel il est responsable. L'administrateur-délégué est chargé, sous l'autorité du sous-préfet, de veiller à l'exécution des lois et règlements de la République. Il prend des mesures propres à en assurer la diffusion parmi la population. Il est dépositaire du pouvoir de police générale. Il veille au maintien de l'ordre public. Il peut prendre toutes mesures utiles au maintien et au rétablissement de l'ordre public. À ce titre, il dispose des forces de police et bénéficie du concours de la gendarmerie. Il donne des ordres directs aux services de police et adresse des demandes de concours à la gendarmerie. Il reçoit des services de police, compte rendu de tout événement, infraction ou action concernant la sécurité, l'observation des lois et règlements dans sa circonscription.

L'administrateur délégué est officier de police judiciaire. À ce titre, il est compétent pour constater les crimes et délits. Il prend toutes mesures utiles pour que les auteurs soient déférés devant les juridictions compétentes.

Il peut ainsi faire procéder à des saisies, des perquisitions et des arrestations conformément à la loi.

L'administrateur délégué est, en outre, chargé de :

- Gérer le personnel de l'État en service dans la communauté rurale ;

- Gérer les crédits mis à sa disposition ;

- Assurer l'entretien des voies et des bâtiments dont la communauté rurale a la charge ;

- Suivre et contrôler, la réalisation des projets économiques et sociaux exécutés dans sa circonscription ;

- Procéder, chaque année, au recensement administratif des personnes imposables ;

- Veiller à la collecte des impôts et taxes ;

- Établir les listes électorales et procéder à leur révision.

L'administrateur-délégué propose ou prend toutes mesures utiles pour assurer le développement économique, social et culturel de sa circonscription.

Paragraphe 14. Le secrétaire administratif

94. Le secrétaire administratif est nommé par arrêté du préfet parmi les agents de l'administration du territoire en service dans le département. Il est mis fin à ses fonctions dans les mêmes formes. Le secrétaire administratif assiste l'administrateur-délégué dans l'exercice de ses fonctions. Il est chargé, sous l'autorité directe de l'administrateur-délégué, de l'animation des services de la communauté rurale. Il supplée l'administrateur-délégué en cas d'absence ou d'empêchement.

L'administration du quartier. Le quartier est placé sous l'autorité d'un chef de quartier nommé par arrêté du préfet du département sur proposition de l'administrateur-maire de l'arrondissement de la communauté rurale. Le chef de quartier est sous l'autorité de l'administrateur-maire.

Il est chargé, notamment, de :

- Diffuser et appliquer les actes et instructions de l'administrateur-maire ;

- Effectuer le recensement de la population ;

- Veiller au bon ordre, à la tranquillité, et à la salubrité publique ;

- Procéder au règlement à l'amiable des différends mineurs

Paragraphe 15. L'administration du village

95. Le village est placé sous l'autorité d'un chef de village nommé par arrêté du préfet sur proposition du sous-préfet dans les conditions prévues par les textes en vigueur. Le chef de village assiste l'administrateur-délégué dans l'exécution de ses fonctions. Le chef de village est chargé notamment de :

- Diffuser et appliquer les actes et les instructions de l'administrateur-délégué de la communauté rurale ;
- Effectuer le recensement de la population ;
- Veiller au bon ordre, à la tranquillité et à la salubrité publiques ;
- Faciliter les opérations de cartonnage pour l'entretien des routes ;
- Procéder au règlement, à l'amiable, des différends mineurs.

Le chef de village assiste l'administrateur-délégué de la communauté rurale à qui il rend compte de sa gestion et devant lequel il est responsable.

CHAPITRE II

ORGANISATION ET FONCTIONNEMENT DES COLLECTIVITES LOCALES

La loi n° 7 - 2003 du 6 février 2003 définit le mode d'organisation et de fonctionnement des collectivités locales.

I. ORGANISATION

96. Les collectivités locales sont des circonscriptions administratives dotées de la personnalité morale et juridique et de l'autonomie financière. Les collectivités locales sont administrées par des Conseils départementaux ou municipaux élus au suffrage universel direct. Les Conseils départementaux ou municipaux élisent en leur sein un bureau exécutif.

Paragraphe 1. La composition du Conseil

97. Le Conseil départemental et le Conseil municipal sont composés de membres élus au suffrage universel direct. Les membres du Conseil départemental et du Conseil municipal portent le titre de conseiller. Le mode de scrutin, les conditions d'éligibilité ainsi que le nombre de conseillers par département et par commune sont déterminés par la loi. Le Conseil départemental et le Conseil municipal sont des assemblées locales. Ils comprennent, chacun, une autorité délibérante, une autorité exécutive et des commissions.

L'autorité délibérante. L'ensemble des membres du Conseil départemental réunis constitue l'autorité délibérante du département. L'ensemble des membres du Conseil municipal réunis constitue l'autorité délibérante de la commune.

L'autorité exécutive. Les conseillers qui assurent la permanence du Conseil départemental ou du Conseil municipal et le représentent pendant les intersessions, constituent l'autorité exécutive du Conseil. Ils disposent, à cet effet, d'un secrétariat général du Conseil départemental ou du Conseil municipal.

L'autorité exécutive du Conseil est dénommée bureau exécutif du Conseil.

Le bureau exécutif du Conseil comprend :

- Un président ;
- Un vice-président
- Un secrétaire.

La durée du mandat des membres de l'autorité exécutive est de cinq ans. Toutefois, le bureau du Conseil doit rester en fonction pour assurer la continuité institutionnelle jusqu'aux nouvelles élections. Le président du Conseil départemental ou le président du Conseil municipal est le chef de l'exécutif du département ou de la commune. Il exerce le pouvoir réglementaire par voie d'arrêtés ou par tout autre acte. Lorsqu'il est constaté un empêchement définitif d'un membre du bureau exécutif, il est pourvu au poste vacant dans les conditions prévues à l'article 14 de la loi. Le bureau exécutif du Conseil départemental ou du Conseil municipal prépare l'ordre du jour des sessions et en assure la direction des travaux. Les membres de l'autorité exécutive du Conseil perçoivent, sur le budget local, des indemnités liées à l'exercice de leurs fonctions. Les modalités de calcul et les conditions d'attribution des indemnités sont fixées par décret en Conseil des ministres sur proposition conjointe du ministre des finances et du ministre en charge de l'administration du territoire et de la décentralisation.

98. Les commissions d'études et d'instruction. Pendant les sessions, le Conseil peut créer des commissions d'études et d'instruction sur des questions nécessitant de longues investigations. Dans l'intervalle des sessions, le président peut créer d'autres commissions d'études et d'instruction sur des questions nécessitant de longues investigations. Dans l'intervalle des sessions, le président peut créer d'autres commissions d'études et d'instruction. Les commissions d'études et d'instruction sont présidées par le président du Conseil. La composition de ces commissions doit respecter le principe de la représentation proportionnelle pour permettre l'expression pluraliste des élus au sein du Conseil (article 11 et 12).

99. Les commissions ad hoc. Le Conseil peut constituer, en son sein, des commissions ad hoc chargées d'étudier les questions qui lui sont soumises par l'administration ou à l'initiative de ses membres.

La composition de ces commissions doit respecter le principe de la représentation proportionnelle pour permettre l'expression pluraliste des élus au sein du Conseil. L'organisation et le fonctionnement de ces commissions sont définis par le règlement intérieur du Conseil. Les modalités d'organisation et de fonctionnement des commissions ad hoc sont également déterminées par le règlement intérieur du Conseil.

100. Le fonctionnement du Conseil. Trente jours après son élection, le Conseil est convoqué, par arrêté du ministre en charge de l'administration du territoire et de la décentralisation, en session inaugurale sous la présidence de son doyen d'âge assisté des deux plus jeunes conseillers en qualité de secrétaires. Passé ce délai, le Conseil se réunit de plein droit. Au cours de cette session, le Conseil procède à l'élection du président du Conseil départemental ou municipal et des autres membres du bureau exécutif au scrutin secret et à la majorité absolue. Le Conseil adopte son règlement intérieur.

La session inaugurale à lieu en présence d'un représentant de l'État. La candidature à la présidence du Conseil est accompagnée d'un programme de développement local compatible avec les ressources disponibles de la collectivité locale. Le Conseil se réunit au siège du département ou de la commune ou en tout autre lieu du territoire départemental compatible avec les ressources disponibles de la collectivité locale. Le Conseil se réunit trois fois par an en session ordinaire. Chaque session a une durée maximale de dix jours. La première session, dite budgétaire, se tient au mois de mai. Les deux autres sessions, dites administratives, se tiennent respectivement aux mois de septembre et de février. Le Conseil peut se réunir en session extraordinaire pour une durée maximale de huit jours, sur un ordre du jour établi par l'exécutif à la demande du président du Conseil ou des deux tiers de ses membres. Le Conseil peut également être convoqué par le président ou le maire sur demande motivée du préfet ou du ministre en charge de l'administration du territoire et de la décentralisation. Dans de tels cas, le président ou le maire est tenu de convoquer le Conseil dans un délai de trente jours. Les convocations sont adressées aux conseillers par le président du Conseil ou le maire au domicile des conseillers, dix jours au moins avant la tenue de la session. En cas d'urgence, ce délai peut être abrégé sans être, toutefois, inférieur à trois jours. Les convocations doivent être accompagnées d'une note explicative de synthèse sur les affaires à soumettre à la délibération. Ces affaires sont mentionnées au registre des délibérations, affichées et adressées aux conseillers par écrit et par voie officielle. Le représentant de l'État est tenu informé des dates des sessions du Conseil, ainsi que de l'ordre du jour, de la date, de l'heure, et du lieu trente jours auparavant pour les sessions ordinaires et huit jours pour les sessions extraordinaires. En cas d'extrême urgence, le délai de convocation est réduit à cinq jours francs minimum. Le président ou le maire informe le Conseil de l'ouverture de la séance, des motifs de l'urgence. Le Conseil se prononce sur l'urgence et peut, éventuellement, décider du renvoi de tout ou partie de l'ordre du jour à une séance ultérieure. Le caractère de l'urgence peut être contesté devant la juridiction administrative compétente. (Articles 14 à 22).

101. Les séances du Conseil sont publiques. Elles peuvent, à la demande de trois conseillers au moins, du président ou du maire, se tenir à huis clos, à la condition que la décision soit prise à la majorité absolue des membres présents ou dûment représentés. Les séances du Conseil peuvent être retransmises par les moyens de communication audiovisuels, sous réserve de l'exercice des pouvoirs de l'assemblée que détient le président ou le maire. La couverture des séances du Conseil peut être assurée par d'autres médias dans les conditions prévues à l'alinéa précédent. Les délibérations sont signées par le président et contresignées par le secrétaire du bureau du Conseil.

Elles sont transmises au préfet dans un délai de dix jours après leur adoption et portées à la connaissance du public par voie d'affichage sur les panneaux réservés à cet effet. Les délibérations sur les comptes administratifs de l'exercice clos doivent être accompagnées des états explicatifs motivés de la situation de l'exercice clos du receveur départemental ou communal sur :

- Les ressources effectives ;
- Les dépenses réglées ;
- Les crédits votés et approuvés ;

- Les résultats des comptes administratifs et de gestion.

Les délibérations concernant les contrats des services publics et les projets de contrats ou de marchés accompagnés de l'ensemble des pièces peuvent être consultées au siège du Conseil départemental ou de la commune par tout conseiller qui en fait la demande dans les conditions fixées par le règlement intérieur (Articles 14 à 22). Les délibérations du Conseil sont prises à la majorité simple des suffrages exprimés. En cas d'égalité de voix, celle du président du Conseil départemental ou du président du Conseil municipal est prépondérante.

Le vote a lieu au scrutin public. Toutefois, il peut être procédé au scrutin secret à la demande du tiers des membres présents, lorsqu'il s'agit de procéder à une élection ou lorsque les circonstances l'exigent. Le représentant de l'État, les chefs des services départementaux ou municipaux ainsi que leurs représentants peuvent être entendus en séance plénière par le Conseil sur les matières relevant de leurs compétences. Le Conseil ne peut délibérer que lorsque la majorité absolue de ses membres en exercice est présente à la séance. Est considéré comme membre en exercice tout membre faisant effectivement partie du Conseil à l'exception des démissionnaires, des révoqués, des suspendus ou des déchus de leur mandat. Si, après une première convocation, le Conseil ne s'est pas réuni pour défaut du quorum, à la deuxième convocation, le Conseil se tient quel que soit le nombre des membres présents. Dans ce cas, l'autorité de tutelle doit être saisie dans un délai de trois jours après la session. Le président ou le maire préside les séances du Conseil, excepté celle où il est lui-même élu et qui est présidée par le doyen d'âge, et celle ou est débattu le compte rendu administratif. Le président ou le maire et les membres du bureau exécutif participent au vote, sauf dans les séances où le compte administratif doit être adopté. Les délibérations du Conseil sont inscrites dans l'ordre chronologique dans un registre côté et paraphé par le préfet. Toute personne physique ou morale peut obtenir communication sur place de procès-verbaux et des pièces annexes, des budgets et des comptes du Conseil après leur publication officielle. Les citoyens ont libre accès aux documents du Conseil. (Articles 27 à 32)

Paragraphe 2. Le statut des conseillers

102. Les conseillers départementaux et municipaux sont élus pour cinq ans. Toutefois leur mandat prend fin dans les cas ci-après :

- Décès ;
- Dissolution du Conseil ;
- Démission ;
- Révocation.

Les conditions de dissolution du Conseil sont déterminées par un texte du ministre en charge de l'administration du territoire et de la décentralisation. Un conseiller peut être suspendu par arrêté du ministre en charge de l'administration du territoire et de la décentralisation, après rapport du Conseil, lorsqu'il est reconnu coupable des actes qui empêchent le fonctionnement normal et régulier du Conseil. Cette suspension ne peut excéder deux mois. L'acte portant suspension d'un conseiller est susceptible de recours pour excès de pouvoir devant le juge administratif dans les formes et les délais prévus par la loi. Un conseiller peut être révoqué par décret en Conseil des ministres sur rapport du ministre en charge de l'administration du territoire et de la décentralisation, lorsqu'il est condamné pour crime ou délit volontaire. L'acte portant révocation d'un conseiller est susceptible de recours pour excès de pouvoir devant le juge administratif dans les formes et les délais prévus par la loi.

Les mesures de suspension et de révocation visées aux articles 34 et 35 ne peuvent intervenir sans qu'au préalable l'intéressé n'ait présenté ses moyens de défense et que le Conseil n'en ait pu apprécier le bien fondé. En cas de vacance pour les causes évoqués aux articles 33 à 36 de la loi, il y est pourvu par l'admission du candidat venant immédiatement après le dernier élu sur la même liste. Si cette liste a été votée à 100%, le remplacement n'est pas possible. La démission volontaire et individuelle doit être écrite et signée par le conseiller démissionnaire lui-même. Elle est adressée au préfet par le bureau exécutif pour transmission au ministre en charge de l'administration du territoire et de la décentralisation. Celui-ci est tenu d'y faire suite par écrit. A défaut de réponse dans un délai d'un mois à compter de la notification, la démission devient effective. En cas de démission volontaire du président du

Conseil départemental ou du Conseil municipal, le Conseil départemental ou municipal en prend acte et en informe le préfet du département. Cette démission est transmise au ministre en charge de l'administration du territoire et de la décentralisation. La présence des conseillers aux sessions est obligatoire. Trois absences successives non motivées valent une démission volontaire. En cas d'empêchement, un conseiller peut donner mandat écrit à un autre conseiller sans que ce mandat puisse être valable pour plus de trois séances consécutives, sauf en cas de maladie dûment constatée. Tout conseiller ne peut être porteur que d'un mandat. Lorsqu'un conseiller est susceptible d'être poursuivi ou inculpé pour un crime ou un délit commis hors ou dans l'exercice de ses fonctions, le procureur de la République, saisi de l'affaire, présente sans délai une requête à la chambre pénale de la Cour suprême qui procède et statue comme en matière de règlement de juge et désigne la juridiction chargée de l'instruction ou du jugement. La fonction de conseiller est gratuite. Toutefois, elle donne droit au remboursement des frais de transport, de paiement des indemnités de session dont le taux est fixé par arrêté conjoint du ministre en charge des finances et du ministre en charge de l'administration du territoire et de la décentralisation (Articles 33 à 43).

II. FONCTIONNEMENT

Sont présentés ici les principes de fonctionnement du Conseil départemental et du Conseil municipal.

Paragraphe 1. Le Conseil départemental

103. Les attributions du Conseil départemental. Le Conseil départemental règle, par voie de délibérations, les affaires départementales, conformément à la loi. Le Conseil départemental émet des avis dans les domaines concernant notamment :

Les plans et les programmes d'investissement ;

Les schémas directeurs d'aménagement ;

La création et la délimitation d'agglomérations nouvelles prévues par le plan de développement économique et social, ainsi que la modification des limites des districts, des communautés rurales.

Le Conseil départemental peut émettre des vœux et donner des avis sur les affaires à caractère national. Il est consulté pour donner son avis sur les études d'aménagement et de développement départemental. Le Conseil départemental se réunit conformément aux dispositions des articles 16 à 29 de la loi. Le président du Conseil départemental est le chef de l'exécutif du département. En cas de vacance de la présidence du Conseil pour l'une des causes prévues à l'article 33 de la loi, l'intérim est assuré par le vice-président. L'élection du nouveau président a lieu dans un délai de vingt et un jours à compter de la date de la constatation de la vacance par le préfet. A cet effet, le préfet se saisit d'office et en informe le ministre en charge de l'administration du territoire et de la décentralisation qui l'instruit. Le bureau d'âge organise l'élection du nouveau président du Conseil. Si le président du bureau d'âge, le vice-président et le secrétaire du bureau exécutif sont candidats, le Conseil procède à l'élection de l'ensemble des membres du bureau exécutif sous la supervision du nouveau président du bureau d'âge dont l'âge suit celui de son prédécesseur. Lorsqu'il est reproché au président du Conseil des faits graves et concordants pouvant justifier sa suspension par le ministre en charge de l'administration du territoire et de la décentralisation, cette suspension ne peut intervenir qu'après audition de l'intéressé par le Conseil. Si dans un délai de trois mois, le Conseil des ministres ne se prononce pas, la suspension est nulle.

Le président du Conseil peut être révoqué de ses fonctions du Conseil département par décret en Conseil des ministres, sur rapport du ministre en charge de l'administration du territoire et de la décentralisation :

- S'il empêche le fonctionnement normal et régulier de cet organe ;
- S'il est en rébellion vis-à-vis du pouvoir central ;
- S'il porte atteinte à la sûreté de l'État ;
- S'il met en péril les intérêts de la collectivité locale ;
- S'il trouble gravement l'ordre public.

Dans ce cas, l'avis du Conseil est requis.

Paragraphe 2. Les attributions du président du Conseil départemental

104. Le président du Conseil de département est chargé, conformément aux textes en vigueur, de :

- Instruire et préparer les affaires à soumettre à la délibération du Conseil ;
- Présider les sessions du Conseil ;
- exécuter les décisions du Conseil ;
- Élaborer et exécuter le budget ;
- Recruter et nommer le personnel aux emplois locaux ;
- Conclure les marchés et les contrats du département ;
- Gérer le patrimoine du département ;
- Coordonner et diriger les services du département ;
- Représenter le département en justice ;
- Ester en justice ;
- Prendre des mesures urgentes en cas de situations exceptionnelles.

105. Le président du Conseil coordonne toutes les activités du département. Il est l'ordonnateur principal du budget voté par le Conseil départemental. Le vice-président le supplée en cas d'absence ou d'empêchement. Le vice-président dispose des attributions qui lui sont déléguées, de façon précise, par le président. Le secrétaire du bureau exécutif prépare les réunions du bureau exécutif du Conseil, établit les procès-verbaux, élabore tout autre document relatif aux réunions du Conseil ainsi que les rapports du bureau exécutif. Le secrétaire du bureau exécutif est chargé des questions matérielles, de la gestion de la documentation et des archives du bureau exécutif. Il est le rapporteur du Conseil.

Le secrétaire général du Conseil départemental. Le secrétaire général du Conseil départemental est nommé par le président du Conseil départemental parmi les cadres de la fonction publique territoriale. Il est mis fin à ses fonctions dans les mêmes conditions. Le secrétaire général du Conseil départemental est chargé de coordonner les services décentralisés du département et de veiller à leur bon fonctionnement. Il est placé sous l'autorité du président du Conseil.

Paragraphe 3. L'administration de la commune

Quelles sont les attributions du Conseil municipal ? Comment se tiennent ses sessions, et quel est le statut du maire ?

106. Le Conseil municipal. Les attributions du Conseil municipal. Le Conseil municipal règle, par délibérations, les affaires municipales, conformément à la loi.

Le Conseil municipal émet des avis sur les affaires, à caractère départemental et national, suivantes.

- Les plans et les programmes d'investissement ;
- Les schémas directeurs d'aménagement ;
- La création et la délimitation d'agglomérations nouvelles prévues par le plan de développement économique et social, ainsi que la modification des limites des arrondissements.

107. Les Sessions du Conseil municipal. Le Conseil municipal se réunit conformément aux dispositions des articles 16 à 32 de la loi. Le Conseil municipal élit en son sein un bureau exécutif dont le président porte le titre de maire. Le bureau exécutif du Conseil municipal comprend :

- Un président, le maire
- Un vice-président, l'adjoint au maire ;
- Un secrétaire.

Paragraphe 4. Le maire

108. La désignation et le statut du maire. Le maire est le chef de l'exécutif de la commune. En cas de vacance de la présidence du Conseil municipal pour les causes évoquées à l'article 33 de la loi, il est prévu l'élection d'un nouveau président dans les conditions indiquées à l'article 48 de la loi. Le maire, après avoir été admis à fournir des explications sur des faits graves et concordants qui lui sont reprochés, peut être suspendu par arrêté du ministre en charge de l'administration du territoire et de la décentralisation pour une durée qui ne peut excéder trois mois. Le maire, président du Conseil municipal peut être révoqué de ses fonctions par le Conseil des ministres sur rapport du ministre en charge de l'administration du territoire et de la décentralisation dans les conditions prévues à l'article 50 de la loi.

109. Les attributions du maire : Le maire est chargé, conformément à la loi, notamment, de :

- Exécuter les décisions du Conseil municipal ;
- Conserver et administrer le patrimoine de la commune ;
- Gérer les revenus, surveiller les établissements municipaux et veiller à la comptabilité municipale ;
- Élaborer et exécuter le budget ;
- Présenter, au Conseil municipal, le compte administratif et le compte de gestion ;
- Diriger et faire exécuter les travaux municipaux ;
- Souscrire les marchés et passer les baux ;
- Recevoir les dons et legs ;
- Représenter la commune en justice ;
- Ester en justice ;
- Recruter et nommer en cas d'urgences ou de situations exceptionnelles ;
- Exercer les pouvoirs de police municipale.

Le maire coordonne toutes les activités de la commune, il est l'ordonnateur principal du budget voté par le Conseil municipal. Le vice-président, adjoint au maire, supplée le maire en cas d'absence ou d'empêchement. Il dispose des attributions qui lui sont déléguées, de façon précise, par le président.

Le secrétaire du bureau exécutif prépare les réunions du bureau exécutif du Conseil. Il établit les procès-verbaux, élabore tout autre document relatif aux réunions du bureau exécutif ainsi que les rapports du bureau exécutif.

110. Le secrétaire du bureau exécutif est chargé des questions matérielles, de la gestion de la documentation et des archives du bureau exécutif. Il est le rapporteur du Conseil.

Le secrétaire général du Conseil municipal. Le secrétaire général du Conseil municipal est nommé par le président du Conseil municipal parmi les cadres de la fonction publique territoriale. Il est mis fin à ses fonctions dans les mêmes conditions. Le secrétaire général du Conseil municipal est chargé de coordonner les services décentralisés de la commune et de veiller à leur bon fonctionnement. Il exerce le pouvoir hiérarchique sur les fonctionnaires locaux de la commune et s'occupe de leur formation. Il est placé sous l'autorité du président du Conseil.

111. Le personnel départemental ou municipal. Le personnel départemental ou municipal est composé de trois catégories d'agents ;

- Les fonctionnaires départementaux ou municipaux ;
- Les fonctionnaires de l'État en position de détachement ;
- Les fonctionnaires des services transférés.

Tout fonctionnaire de l'État, en service dans les administrations départementales ou municipales, est placé en position de détachement. Le détachement est prononcé par le ministre chargé de la fonction publique, après avis du ministre en charge de l'administration du territoire et de la décentralisation, sur demande de la collectivité locale. Le personnel départemental ou municipal est soumis à l'autorité hiérarchique du président du Conseil.

Le président du Conseil a le pouvoir de nommer à tous les emplois de l'administration départementale ou municipale. Les modalités de recrutement, les emplois ouverts aux agents départementaux et municipaux, ainsi que le déroulement de leur carrière sont déterminés par les dispositions statutaires en vigueur.

112. La coopération décentralisée. Les collectivités locales peuvent :

- S'associer ou conclure entre elles des conventions pour l'exercice de leurs compétences ;
- Créer des organismes publics de coopération dans les formes et les conditions prévues par la loi.
- S'engager à mettre à la disposition d'une autre collectivité leurs services et leurs moyens afin de faciliter à celle-ci l'exercice de ses compétences. Lorsqu'un groupement de collectivités locales exerce des attributions dans un domaine faisant l'objet d'un transfert de compétences, celui-ci s'opère au profit de cet organisme, sur décision de l'organe. Les départements limitrophes peuvent, librement, coopérer au moyen de conférences ou d'entente interdépartementales et signer des accords pour l'étude, le financement et la réalisation des équipements d'intérêt commun.

Les collectivités locales peuvent signer des accords de partenariat avec les associations et les organisations non gouvernementales. Les collectivités locales peuvent, avec l'autorisation du gouvernement, organiser des contacts réguliers et passer des conventions avec les collectivités décentralisées étrangères ou avec tout organisme international de développement. Les accords signés doivent être approuvés par le gouvernement. La coopération avec les collectivités décentralisées étrangères sont déterminées par décret en Conseil des ministres, sur proposition conjointe du ministre en charge de l'administration et de la décentralisation et du ministre chargé de la coopération.

CHAPITRE III

LA FONCTION PUBLIQUE TERRITORIALE

La loi n° 5-2005 du 11 mai 2005 a défini l'organisation, la typologie et la gestion des emplois dans la fonction publique territoriale.

I. ORGANISATION ET TYPOLOGIE

113. La fonction publique territoriale est constituée par l'ensemble des agents des collectivités locales et de leurs établissements publics, nommés dans un emploi permanent, titularisés dans la hiérarchie administrative. Ces agents ont la qualité de fonctionnaires territoriaux. La fonction publique territoriale est un élément constitutif de la fonction publique. Elle est régie par des règles et des instances approchées :

- Les règles juridiques applicables aux agents de toutes les collectivités locales sont fixées dans la présente loi.
- Les règles communes aux fonctionnaires de l'État et aux fonctionnaires territoriaux relatives aux droits et obligations ;
- Les règles statutaires générales de nature réglementaire contenues dans les statuts particuliers des cadres d'emplois auxquels appartiennent les fonctionnaires territoriaux.

La fonction publique territoriale est fondée sur le système d'emploi. Au sens de loi, le système d'emploi est un système de gestion des ressources humaines basé sur la rentabilité et le rendement et qui permet à l'administration de se séparer d'une personne embauchée en cas d'insuffisance professionnelle ou si l'emploi est supprimé pour motif économique. À ce titre, la fonction publique territoriale est envisagée sous l'angle des tâches à accomplir, des activités à exercer et non sous l'angle de la profession. L'agent est recruté pour occuper un poste déterminé, auquel il restera affecté en principe tant qu'il demeurera dans la fonction publique territoriale. Si l'emploi est supprimé et si la collectivité ne peut offrir immédiatement un autre emploi correspondant à son grade, la personne embauchée reçoit une indemnité de licenciement égale à :

- Trois mois de traitement, si elle totalise une ancienneté de cinq ans au plus ;

- Quatre mois de traitement, si elle totalise une ancienneté de dix ans au plus ;

- Six mois de traitement, si elle totalise une ancienneté de plus de dix ans ;

Les organes de la fonction publique territoriale assurent sa cohérence dans l'application des règles statutaires. La fonction publique territoriale comprend les organes ci-après :

- Les organes consultatifs ;
- Les organes de gestion ;
- Les instances disciplinaires.

Paragraphe 1. Les organes consultatifs

Les organes consultatifs sont :

- Le Conseil supérieur de la fonction publique territoriale ;
- Les commissions administratives ;
- Les comités techniques.

Le Conseil supérieur de la fonction publique territoriale

114. Il est crée un Conseil supérieur de la fonction publique territoriale. Le Conseil supérieur de la fonction publique territoriale assure l'unité et l'harmonisation de la fonction publique territoriale et contribue au respect du principe de la libre administration des collectivités locales. En tant qu'organe de Conseil, il est saisi pour avis par le ministre en charge de l'administration du territoire et de la décentralisation des projets de lois relatifs à la fonction publique territoriale, des projets de décrets concernant la situation des fonctionnaires et des statuts particuliers des cadres d'emplois. Il dispose, en outre, d'un pouvoir de proposition en matière statutaire et pour toutes les questions relevant de sa compétence. En tant qu'organe d'études, il est chargé de :

- Constituer une documentation sur la fonction publique territoriale.

- Donner son avis sur le recrutement des agents non titulaires devant occuper un emploi auquel l'appartenance au corps donne vocation ;

- Se prononcer sur les avantages, les reclassements et les promotions sur la liste d'aptitude.

La commission administrative est présidée par le président du Conseil.

115. Le comité technique. Il est crée un comité technique dans chaque collectivité locale et ses établissements publics administratifs. Le comité technique est dirigé par le président du Conseil. Le comité technique est consulté pour avis sur les questions relatives :

- A l'organisation des administrations intéressées et aux conditions générales des fonctionnaires de ces administrations ;
- Aux programmes de modernisation des méthodes et techniques de travail et, à ce titre, il doit tenir à jour les statistiques d'ensemble et centraliser les informations et les documents que les collectivités locales et leurs établissements publics sont tenus de lui fournir à sa demande.

Il peut, par ailleurs, procéder, de son propre chef, à toute étude sur l'organisation et le perfectionnement de la gestion du personnel territorial.

Le Conseil supérieur de la fonction publique territoriale est présidé par le ministre en charge de l'administration du territoire et de la décentralisation. Un représentant du chef du gouvernement assiste aux délibérations du Conseil supérieur de la fonction publique territoriale.

116. La commission administrative. Il a été crée, auprès du centre départemental de gestion, prévu aux articles 21 à 25 de la loi, une commission administrative. La commission administrative est chargée notamment de :

- Examiner les questions relatives à la carrière des fonctionnaires territoriaux, aux conditions de travail et à la sécurité sociale ;
- Veiller au respect des droits des fonctionnaires territoriaux et leur incidence sur la situation du personnel ;
- Aux problèmes d'hygiène et de sécurité.

Paragraphe 2. Les organes de gestion

Les organes de gestion de la fonction publique territoriale sont :
- Le comité national de gestion ;
- Le centre départemental ou interdépartemental de gestion.

117. Le comité national de gestion. Il est crée un comité national de gestion. Le comité national de gestion de la fonction publique territoriale regroupe l'ensemble des collectivités locales et leurs établissements publics. Il peut aussi déléguer une partie de ses compétences aux centres départementaux ou interdépartementaux de gestion. Le comité national de gestion est dirigé par le ministre en charge de l'administration du territoire et de la décentralisation et est notamment chargé de :

- Assurer la publicité des déclarations de création et de vacance d'emplois des fonctionnaires territoriaux qui doivent lui être transmises par les centres départementaux de gestions ;
- Fixer les orientations générales de la formation professionnelle des agents de la fonction publique territoriale ;
- Définir, dans les conditions prévues par les statuts particuliers, les programmes d'adaptation à l'emploi ;
- Assurer la centralisation d'actes de gestion relative aux mutations, avancements, promotions internes et reclassements.

118. Le centre départemental ou interdépartemental de gestion. Il est crée un comité départemental de gestion dans chaque département. Il regroupe, au niveau départemental, les collectivités locales et les établissements publics de chaque département à titre obligatoire. Toutefois, il peut être crée, à l'initiative de plusieurs départements et sur proposition du ministre en charge de l'administration du territoire et de la décentralisation, un centre interdépartemental de gestion. Le centre départemental ou interdépartemental de gestion est notamment chargé de :

- Assurer l'organisation des concours et des examens professionnels des fonctionnaires départementaux en collaboration avec le ministère en charge de l'enseignement technique et professionnel ;
- Assurer la reconversion des fonctionnaires départementaux devenus inaptes à l'exercice de leurs fonctions ;

- Assurer la gestion des actes relatifs aux mutations, avancements, promotions internes et reclassements.

Les collectivités locales et leurs établissements publics administratifs sont tenus, sous peine de nullité des nominations prononcées, de communiquer au centre départemental ou interdépartemental de gestion de leur ressort territorial, les propositions de création, de suppression et de vacance d'emploi, ainsi que les tableaux d'avancements. Le centre départemental de gestion est présidé par le président du Conseil départemental et le centre interdépartemental de gestion par le président du Conseil du département où se tient la réunion.

119. L'instance disciplinaire. L'instance disciplinaire est le comité départemental ou interdépartemental de discipline. Le centre départemental ou interdépartemental de discipline est organisé au niveau de chaque département ou groupement interdépartemental. Il connaît les fautes disciplinaires des agents de la fonction publique territoriale telles que déterminées par les dispositions de la loi. Les décisions du comité départemental ou interdépartemental de discipline sont susceptibles de recours devant le tribunal administratif.

A. La structure de la fonction publique territoriale

120. La structure de la fonction publique territoriale se compose de :
- Une unité administrative ;
- Des emplois ;
- Un poste de travail ;
- Des corps ;
- Des cadres ;
- Des catégories.

L'*unité administrative* constitue la structure de base dans la gestion de la fonction publique territoriale. Chaque collectivité locale ou établissement public administratif dresse la liste de ses unités administratives selon les textes fixant son organisation. Les fonctionnaires territoriaux appartiennent à des corps et à des cadres d'emplois qui comprennent plusieurs grades et sont classés en catégories selon leur niveau de recrutement. L'*emploi* est l'ensemble des missions susceptibles d'être confiées, en application d'un acte autorisant l'exercice dans une unité administrative donnée et dans la mesure de l'existence d'un poste budgétaire disponible, à un agent remplissant les conditions statutaires requises et régulièrement nommé à cet effet. Les emplois sont classés par les statuts particuliers, par grade à l'intérieur de chaque corps. Chaque emploi est dénommé. Le *poste de travail* est le lieu où, dans une administration donnée, l'agent qui y a été affecté remplit les missions que son emploi implique. *Le corps de fonctionnaires territoriaux* est réparti en quatre catégories désignées dans l'ordre hiérarchique décroissant par les chiffres I, II, III, IV. Chacune de ces catégories se définit, à la fois, par la nature des fonctions auxquelles elle correspond et par le niveau de recrutement. *Le cadre d'emplois* est un ensemble de corps de fonctionnaires titulaires d'un grade leur donnant vocation à occuper des emplois de nature identique ou similaire. Chaque cadre est régi par un statut particulier.

La liste et la dénomination des spécialités et des corps sont fixées par le statut particulier régissant chaque cadre. Le *grade* est le titre qui confère à son titulaire vocation à occuper l'un des emplois qui lui correspond. Le grade est défini par la *catégorie*, l'*échelle* et l'*échelon* où le fonctionnaire est classé. À chaque grade correspond un *indice* de rémunération dont la liste est fixée, pour chaque *échelle*, par décret en Conseil des ministres. Les corps et les cadres d'emplois de fonctionnaires territoriaux, la hiérarchie des corps dans chaque cadre, le nombre d'échelons de chaque grade, les règles d'avancement d'échelon et de promotion au grade supérieur sont régis par les statuts particuliers à caractère national.

Paragraphe 1. Les postes budgétaires

121. Un *poste budgétaire* est la disposition du budget d'une collectivité locale ou d'un établissement public administratif qui autorise la nomination d'un agent à un emploi ouvert et qui permet la dépense correspondante. Les postes budgétaires sont mis en place par unité administrative. Aucune nomination à un emploi, aucune mutation, aucun recrutement ne peut être effectué dans la collectivité locale ou l'établissement public administratif en absence d'un poste budgétaire disponible. Un poste budgétaire destiné à être attribué à un agent d'une collectivité locale ou d'un établissement public administratif ne peut être créé, annulé ou transféré d'une unité administrative à une autre que dans le cadre du budget de cette collectivité locale ou de cet établissement public administratif. Les postes budgétaires sont répartis selon la classification des agents auxquels ils peuvent être attribués. Les groupes des postes budgétaires sont au nombre de huit.

Les postes y sont de la façon suivante :

- 1er groupe : postes pouvant être attribués à des agents de catégorie I échelle 1 ;
- 2ème groupe : postes pouvant être attribués à des agents de catégorie I échelle 2 ;
- 3ème groupe : postes pouvant être attribués à des agents de catégorie II échelle 1 ;
- 4ème groupe : postes pouvant être attribués à des agents de catégorie II échelle 2 ;
- 5ème groupe : postes pouvant être attribués à des agents de catégorie III échelle 1 ;
- 6ème groupe : postes pouvant être attribués à des agents de catégorie III échelle 2 ;
- 7ème groupe : postes pouvant être attribués à des agents de catégorie IV échelle 1 ;
- 8ème groupe : postes pouvant être attribués à des agents de catégorie IV échelle 2 ;

Un poste budgétaire peut, au cours d'un exercice budgétaire, être successivement occupé par plusieurs agents ayant normalement vocation à l'occuper.

Il est nécessairement dans l'un des trois états suivants :

- Disponible ;
- Réservé ;
- Attribué ;

Un poste budgétaire est *disponible* lorsque aucune dépense ne lui est imputée. Le poste disponible peut faire l'objet d'une *réservation* ou d'une *attribution*. Un *poste budgétaire est réservé* lorsqu'un acte en cours d'élaboration prévoit son attribution à un agent donné. Un *poste budgétaire* est attribué lorsque les dépenses relatives à un agent y sont imputées. Un *poste libéré* peut être réservé en vue d'une nouvelle attribution.

Paragraphe 2. L'accès aux emplois

Un emploi est dans l'un des deux états suivants :
- Vacant ;
- Pourvu.

122. Un *emploi est vacant* lorsqu'il a été crée ou libéré dans une unité administrative, et qu'aucun agent n'a été désigné pour effectuer les missions qu'il implique. Un *emploi est pourvu* lorsqu'un agent, à la suite d'une nomination, d'une mutation ou, s'il s'agit d'un agent non titulaire recruté, a été désigné, pour effectuer dans une unité administrative donnée les missions que cet emploi implique. Le cumul d'emplois est interdit. Le fonctionnaire nommé à un emploi est obligatoirement mis, par l'acte qui le nomme, à la disposition d'une unité administrative désignée. Les choix en matière de nomination aux différents emplois d'un corps, de mutation, d'affectation et de changement d'affectation sont opérés en fonction du mérite des agents et des besoins de l'administration. L'autorité pourvoit aux emplois créés ou vacants en nommant parmi les fonctionnaires déclarés candidats par voie de mutation, de détachement ou, le cas échéant et dans les conditions fixées par chaque statut particulier, de promotion interne et d'avancement de grade. L'accès à certains emplois peut être soumis à des conditions particulières de grade, d'ancienneté, de mérite ou de formation. L'administration soumet à un stage de perfectionnement les fonctionnaires nommés à certains emplois. Aucun fonctionnaire ne peut exercer un emploi auquel le corps dont il relève ne donne accès, sous réserve des dispositions prévues par la loi. Tout fonctionnaire territorial des catégories I et II peut exercer un emploi dans toute collectivité locale. Les emplois sont répartis en groupes désignés dans l'ordre croissant d'importance par les chiffres allant de 1 à 8 tels que définis à l'article 41. À chaque groupe correspond un élément particulier de rémunération. Des décrets en Conseil des ministres fixent pour chaque corps :
- Les emplois auxquels l'appartenance au corps donne accès ;
- Les missions attachées à chacun de ces emplois ;

- Les conditions particulières de grade, d'ancienneté, de mérite ou de formation qui peuvent être requises pour accéder à certains emplois ;

- Le groupe dans lequel chaque emploi est classé ;

- Le régime des congés administratifs lié aux emplois.

Les fonctionnaires territoriaux sont recrutés par voie de concours organisés suivant les modalités prévues par les dispositions des articles 71 à 78 de la loi. Ne peut être nommé pour exercer un emploi que :

- Le candidat qui, ayant satisfait aux épreuves d'un concours de recrutement, est déclaré apte à exercer les emplois du corps pour l'intégration duquel il a concouru ;

- Le fonctionnaire en activité dans une unité administrative devant exercer un emploi différent et remplissant les conditions requises.

La nomination aux grades et emplois de la fonction publique territoriale est de la compétence exclusive de l'autorité locale décentralisée. Lorsqu'un emploi est créé ou devient vacant, l'autorité locale décentralisée en informe le comité interdépartemental de gestion compétent qui assure la publicité de cette création ou de cette vacance.

123. Les postes de travail. Les postes de travail sont fixés pour chaque emploi par décision de l'autorité locale décentralisée ou de l'établissement public administratif. L'agent nommé dans un emploi et mis à la disposition d'une unité administrative est affecté à un poste de travail par décision de l'autorité de la collectivité locale ou de l'établissement public administratif. Un fonctionnaire territorial nommé dans un emploi peut être mis en position de détachement sur la base des conventions et accords de partenariat auprès d'une association reconnue d'utilité publique.

Les postes de travail auxquels des agents sont susceptibles d'être affectés sont déterminés pour chaque unité administrative par décision de l'autorité de la collectivité locale ou de l'établissement public administratif. Les postes de travail sont répartis en groupes désignés par les chiffres allant de 1 à 8.

Les fonctionnaires territoriaux sont regroupés dans les cadres suivants :

- Services administratifs ;

- Services sociaux et d'hygiène,
- Services techniques ;
- Services économiques et financiers ;
- Services d'animation culturelle ;
- Services sportifs ;
- La police municipale ;
- La protection civile.
- D'autres cadres peuvent être créés par la loi.

Un décret en Conseil des ministres détermine la composition des cadres. Les fonctionnaires territoriaux sont classés et répartis en quatre catégories :

- Catégorie I : agent de conception ;
- Catégorie II : agent de maîtrise ;
- Catégorie III : agent d'application ;
- Catégorie IV : agent d'exécution.

Chaque catégorie est divisée en échelles désignées dans l'ordre hiérarchique décroissant par les chiffres 1 et 2. Le niveau de recrutement correspondant à chacune des catégories et échelles est défini par voie réglementaire. Les statuts particuliers précisent, conformément aux principes posés par la loi, le classement de chaque corps. Le fonctionnaire est classé à la catégorie et à l'échelle propre au corps auquel il est intégré. Chaque échelle d'une catégorie est divisée en quatre classes désignées dans l'ordre croissant par les chiffres allant de 1 à 4, la dernière étant qualifiée de *classe exceptionnelle*. Un décret en Conseil des ministres, sur proposition conjointe des ministres chargés de la décentralisation et de la fonction publique définit les catégories et échelles dans lesquelles sont classés et repartis les fonctionnaires territoriaux et détermine les modalités de reclassement dans ces catégories et échelles.

A. Les conditions d'accès à un corps

124. L'accès à un corps de la fonction publique territoriale ne peut intervenir que par voie de concours. Toutefois, l'accès à la fonction publique territoriale peut intervenir dans les conditions prévues par la loi.

Paragraphe 1. L'accès à un corps par voie de concours

125. L'accès à un corps par voie de concours s'effectue selon les modalités ci-après :

1 - Par concours externe, destiné aux candidats titulaires de diplômes requis ou ayant une qualification professionnelle requise ;

2 - Par concours interne, réservé aux agents exerçant déjà un emploi, soit dans la fonction publique d'État en qualité de fonctionnaire ou de non titulaire, soit dans une collectivité locale ou un établissement public administratif ainsi qu'aux candidats en fonction dans une organisation internationale. Les statuts particuliers fixent le régime de concours.

126. Le fonctionnaire territorial intégré dans un corps et nommé à un emploi après recrutement par concours externe est soumis à une *période probatoire* pendant laquelle il doit s'initier à ses fonctions et faire la preuve de son aptitude à les exercer. Sauf dérogation prévue par les statuts particuliers, la durée de cette période probatoire est de six mois de service effectif renouvelable, le cas échéant, une seule fois à compter de sa nomination à cet emploi. Pendant la période probatoire, le fonctionnaire territorial peut être soumis à un stage de perfectionnement avant d'être affecté à un poste de travail. Le fonctionnaire territorial intégré perçoit une rémunération conformément aux textes en vigueur. À l'issue de la période probatoire, la commission administrative compétente évalue, sur rapport écrit de chacun des deux supérieurs hiérarchiques directs de l'agent, l'aptitude du fonctionnaire à exercer ses fonctions. Au vu de cette évaluation, l'autorité locale territoriale décide, le cas échéant, soit de la *titularisation*, soit de la *révocation*, soit encore du *licenciement* du fonctionnaire. Nul ne peut être candidat à un recrutement par concours externe :

1. S'il n'est pas citoyen congolais ;
2. S'il ne jouit pas de ses droits civiques ;
3. S'il a été condamné pour crime ou délit volontaire à une peine privative de liberté de plus de six mois ;
4. S'il n'est pas apte à exercer les emplois auxquels l'appartenance au corps donne accès ;
5. S'il n'est pas âgé, sauf exception prévue par la loi ou les statuts particuliers, de dix-huit ans au moins et de quarante ans au plus ;

6. S'il ne remplit pas les conditions requises pour l'intégration au corps.

Sous réserve des conditions posées aux articles 71 à 79, tout citoyen congolais, peut être candidat à un recrutement par concours externe. Le candidat au concours interne devra avoir accompli une durée effective de service public de trois ans au moins dans son corps d'origine et être titulaire de titres et diplômes exigés pour l'accès au corps. Sont également autorisés à concourir les fonctionnaires ayant suivi un stage de qualification dans les conditions prévues par la loi. Les fonctionnaires territoriaux devant être intégrés dans un nouveau corps à la suite d'un concours interne de recrutement sont, avant toute nomination à un emploi soumis à un *stage de perfectionnement* d'une durée de trois à six mois. Les matières, les programmes et les modalités de déroulement de ces concours sont fixés par le comité national de gestion. Le nombre de places offertes à un concours de recrutement dans un corps est égal au nombre d'emplois à pourvoir.

Paragraphe 2. L'accès à un corps par voie de nomination directe

127. Peuvent être recrutés par voie de nomination directe :

- Les membres des cabinets des autorités locales décentralisées ;
- Les directeurs des établissements publics administratifs dont les caractéristiques et l'importance le justifient. La liste de ces établissements est fixée par voie réglementaire ;
- Les directeurs des services municipaux et départementaux.

Toutefois, la nomination de non fonctionnaires à ces emplois ne leur donne aucun droit à être titularisés dans un grade de la fonction publique territoriale à la cessation de leurs fonctions. Les fonctionnaires qui occupent un emploi fonctionnel peuvent être déchargés de leurs fonctions. La procédure y relative ne peut être mise en œuvre qu'au terme d'un délai de six mois suivant leur nomination à l'emploi. Un décret fixe les modalités de rémunération des membres des cabinets ainsi que leur effectif maximal en fonction de la taille de la collectivité locale ou du nombre de fonctionnaires employés pour les établissements publics administratifs.

Paragraphe 3. L'accès à un corps par voie de transfert

128. Les fonctionnaires territoriaux peuvent être transférés dans un autre corps. Ces transferts sont exceptionnellement autorisés entre les corps appartenant à la même échelle d'une même catégorie. Les modalités de transfert sont déterminées par les statuts particuliers.

129. Le déroulement de la carrière. La carrière se fonde sur l'avancement et sur l'organisation en corps qui regroupent les fonctionnaires de même statut et ayant vocation aux mêmes grades. Elle s'entend comme la possibilité offerte au fonctionnaire territorial d'entrer au service de la collectivité locale ou son établissement public administratif et de progresser selon le mérite, jusqu'à sa retraite, sous réserve des dérogations prévues par la loi. L'administration ne peut pas se fonder sur les opinions politiques, la religion, le sexe et l'ethnie pour écarter un agent de la fonction publique territoriale ou d'un emploi déterminé. La *carrière* implique la réunion et l'articulation des éléments suivants : le recrutement, la nomination, la notation et l'évaluation, l'avancement, la promotion, les positions d'activités, de mise à disposition et des positions spéciales.

Paragraphe 4. Le recrutement

130. Le recrutement est une série chronologique d'opérations mises en œuvre pour la recherche et la sélection du personnel. Il a pour objectif de pourvoir un poste défini exigeant des compétences professionnelles bien identifiées. Il doit répondre aux besoins d'une unité administrative définis statiquement. Il implique préalablement soit la réussite à un concours organisé sur épreuves, soit l'*admission sur titre* lorsque les emplois nécessitent une expérience et une formation. Un *appel à candidatures* est préalable à l'examen et au tri des candidatures. Les candidatures qui s'éloignent des exigences du poste à pourvoir et qui ne répondent pas aux critères, préalablement choisis ou corrigés, en fonction de leur nombre doivent être écartées. Les critères objectifs de recrutement sont :

- L'âge ;

- Le domicile ;
- La situation familiale ;
- L'expérience professionnelle ;
- La rémunération ;
- La standardisation de la présentation des dossiers de candidature.

Toute demande d'information sur la vie privée et les convictions personnelles des candidats sans rapport avec l'activité professionnelle est interdite. Les candidats admis à un concours, pour être reçus dans un corps, sont inscrits sur la *liste d'aptitude* par ordre de mérite.

Cette inscription ne vaut pas recrutement. Le président du Conseil recrute et nomme parmi les reçus inscrits selon l'ordre de mérite. Seuls les candidats reçus et retenus deviennent fonctionnaires au jour de leur nomination. Le nombre minimum de noms pouvant figurer sur une liste d'aptitude est fixé à 120% du nombre de postes à pourvoir. Le *recrutement* consiste en une intégration, dans la fonction publique territoriale des agents nommés à un emploi. Il permet d'assurer le renouvellement progressif des postes effectifs en agents spécialisés, aptes à occuper les emplois définis. Le recrutement comporte une *période d'essai*, d'*observation* et d'*évaluation*.

Le candidat retenu reçoit une confirmation écrite contenant les éléments suivants :

- La date de début de l'emploi ;
- Le lieu d'exercice de l'emploi ou de la fonction ;
- L'appellation de l'emploi ou de la fonction ;
- La qualification reconnue ;
- La rémunération et sa périodicité ou la base de la rémunération, si elle est variable ;
- La durée de la période d'essai.

A. Gestion des emplois

La gestion des emplois concerne la nomination, la dotation, l'avancement et la position du fonctionnaire.

Paragraphe 1. La nomination

131. La *nomination* est le titre qui confère à l'agent qui en bénéficie le droit d'exercer les fonctions afférentes au corps pendant son recrutement. L'entrée dans la fonction publique territoriale résulte d'un acte administratif unilatéral d'intégration et de nomination. La nomination à un grade intervient exclusivement en vue de pourvoir à un emploi vacant ou créé. Sont considérées comme illégales :

- Les *nominations anticipées* prononcées avant que le poste ne soit vacant ou créé ;
- Les *nominations rétroactives* ;
- Les *nominations par ordre*, uniquement destinées à fournir au bénéficiaire un titre qu'il utilisera à des fins personnelles sans occuper un emploi.

La nomination d'un fonctionnaire territorial à un grade de la hiérarchie administrative entraîne son *affectation* à un poste de travail. Cependant, sa promotion individuelle est soit l'attribution d'un titre et d'un coefficient supérieur sans changement d'emploi, consacrant l'évolution personnelle mise en œuvre dans le travail, soit la nomination à une fonction nouvelle, entraînant un titre et un coefficient supérieurs. La promotion est nécessairement accompagnée d'une augmentation de salaire, immédiate ou en fin de période probatoire. Les fonctionnaires ne peuvent être nommés qu'à un emploi permanent, correspondant à des besoins durables de l'administration et comportant les crédits budgétaires nécessaires, à condition qu'il soit vacant. La nomination à un emploi permanent à temps complet comporte nécessairement la titularisation dans le grade ou dans l'un des grades que comprend le corps. Le refus de rejoindre le poste équivaut à une non-acceptation de la nomination. Il est sanctionné par la *radiation,* après une *mise en demeure* régulière. Il en est de même lorsque l'agent à l'expiration d'une *mise à disposition*, malgré l'invitation, ne réintègre pas son corps.

132. La notation et l'évaluation. Tout agent en activité affecté à un poste de travail est noté et évalué annuellement en fonction de sa manière de servir et de ses performances. Les notes attribuées au fonctionnaire et son évaluation lui sont communiquées.

Le pouvoir de notation et d'évaluation appartient à l'autorité de la collectivité locale ou de l'établissement public administratif, dont relève le poste de travail où est affecté l'agent au 31 décembre de l'année sur laquelle portent la notation et l'évaluation.

133. L'avancement des agents. L'avancement des fonctionnaires territoriaux comprend l'avancement d'échelon et l'avancement de classe. L'*avancement d'échelon à échelon* à l'intérieur d'une classe s'effectue selon l'ancienneté de vingt-quatre mois et la valeur professionnelle après inscription au tableau d'avancement. L'agent au 4ème échelon d'une classe passe, après vingt-quatre mois d'ancienneté dans cet échelon et selon la valeur professionnelle, au 1er échelon de la classe supérieure après inscription au tableau d'avancement. La promotion au grade supérieur entraîne la nomination à un emploi correspondant.

Paragraphe 2. Les positions du fonctionnaire

134. Tout fonctionnaire territorial peut être placé par l'autorité dont il relève dans l'une des positions suivantes :

- Activité ;
- Mise à disposition ;
- Positon spéciale.

L'*activité* est la position du fonctionnaire qui, titulaire d'un grade, exerce effectivement les fonctions de l'un des emplois correspondant à ce grade. Il se trouve dans l'une des situations suivantes :

- En service ;
- En congé ;
- En stage.

Le fonctionnaire en service est celui qui exerce effectivement les missions d'un emploi auquel il a été nommé ou qui, après avoir été nommé à un emploi, se trouve en attente d'affectation à un poste de travail. Le fonctionnaire en attente d'affectation perçoit exclusivement la rémunération liée à son grade. Est en *congé*, le fonctionnaire nommé à un emploi, mais qui est autorisé à suspendre pendant un temps déterminé l'exécution de ses missions. Le fonctionnaire, en activité, a droit au :

- Congé administratif ;

- Congé de maternité ou de paternité ;
- Congé de maladie ;
- Congé exceptionnel ;
- Congé pour convenances personnelles ;
- Congé pour concours ;
- Congé syndical.

135. *Le congé administratif* permet à un fonctionnaire d'obtenir périodiquement une suspension de son obligation de service. Le fonctionnaire est tenu d'user de son droit à congé administratif. Toutefois, pour les nécessités de service, l'administration peut enjoindre au fonctionnaire en congé administratif de regagner son poste avant l'expiration de la période légale de congé. Dans ce cas, le droit à congé dont le fonctionnaire a été privé doit obligatoirement être pris en compte l'année suivante. Le fonctionnaire en congé conserve le traitement lié à son grade, son emploi et à son poste de travail. Le droit à *congé de maternité ou paternité* permet à un fonctionnaire d'obtenir une suspension de ses obligations de service à l'occasion d'une naissance. Le fonctionnaire bénéficiaire d'un congé de maternité ou de paternité perçoit pendant la durée de son congé l'entière rémunération liée à son grade, son emploi et à son poste de travail. Le fonctionnaire atteint d'une maladie dûment constatée le mettant dans l'impossibilité temporaire d'exercer ses fonctions, est mis en *congé de maladie*. Le fonctionnaire territorial peut obtenir dans la limite de quinze jours par année civile, une ou plusieurs suspensions exceptionnelles de ses obligations de service à l'occasion d'événements marquants de sa vie familiale. Le fonctionnaire a droit à un *congé pour convenances personnelles*. Il peut, dans la limite de six mois par année civile, obtenir, pour quelque motif que ce soit, une ou plusieurs suspensions de ses obligations de service d'une durée ne pouvant être inférieure à quinze jours. L'agent en congé pour convenances personnelles perd ses droits à rémunération à l'exception des *droits à prestations familiales*. Le fonctionnaire, inscrit à un concours professionnel prévu par la présente loi, peut obtenir une suspension de ses obligations de service d'un mois maximum ; pendant ce temps, il bénéficie de la totalité de sa rémunération. Le droit à *congé syndical* permet à un fonctionnaire syndicaliste de participer à un séminaire ou à un stage de formation syndicale. Le fonctionnaire en congé syndical perçoit, pendant la durée du congé, l'intégralité de sa rémunération. Un décret en Conseil des ministres fixe le régime des différents congés prévus par la loi. Le fonctionnaire nommé ou en attente de nomination à un emploi est en situation de stage lorsqu'il est :

- Admis en formation à la suite d'un concours professionnel organisé dans les conditions prévues par la loi ;
- Admis en formation dans une école spécialisée de l'administration à la suite d'un concours ;
- En situation de perfectionnement ou de recyclage.

Un décret en Conseil des ministres fixe le régime des stages. *La mise à disposition* est la situation du fonctionnaire territorial qui, demeurant dans son corps d'origine, continue à percevoir la rémunération correspondante, mais effectue son service dans une administration autre que le sienne. La mise à disposition ne peut avoir lieu qu'avec l'accord du fonctionnaire, au profit d'une collectivité locale, d'un établissement public administratif ou d'un organisme d'intérêt général. Le fonctionnaire mis à disposition doit remplir des fonctions d'un niveau hiérarchique comparable à celui des fonctions exercées dans son administration d'origine. Par dérogation, le fonctionnaire territorial peut être recruté en vue d'être mis à disposition pour effectuer tout ou partie de son service dans une autre collectivité ou un établissement public administratif autre que le sien même lorsqu'il existe un emploi budgétaire correspondant à la fonction à remplir et permettant la nomination du fonctionnaire. L'expiration de la période de mise à disposition peut entraîner le licenciement de l'agent, après une mise en demeure. Un fonctionnaire territorial peut être placé dans l'une des deux positions spéciales suivantes :

- En position hors cadre ;
- En position exceptionnelle.

136. *La position hors cadre* est celle à laquelle un fonctionnaire est appelé à servir auprès d'une administration, d'une entreprise publique, d'un organisme international ou d'un organisme d'intérêt local, avec l'accord de la collectivité locale. Dans cette position, le fonctionnaire cesse de bénéficier de sa rémunération, il est soumis au régime statutaire régissant la fonction qu'il exerce. À l'expiration de la période de mise hors cadre ou en cas de remise à la disposition de son administration d'origine, le fonctionnaire est réintégré dans son emploi d'origine ou dans un emploi équivalent. Les fonctionnaires appelés à occuper les emplois réservés ainsi que ceux exerçant, à titre permanent, une fonction politique ou syndicale empêchant l'exercice normal d'une activité dans l'administration sont placés en *position exceptionnelle*. Ils conservent le poste budgétaire qui leur a été attribué dans leur unité administrative d'origine et ils perçoivent, pendant la période de position exceptionnelle, les éléments de rémunération supplémentaire liés à l'emploi qu'ils exercent et au poste qu'ils occupent. Sauf dans le cas où ils peuvent faire valoir leur droit à la retraite, ils retrouvent immédiatement leur emploi d'origine dès qu'il est mis fin à leur position exceptionnelle.

Paragraphe 3. La cessation définitive de fonction

137. *La cessation définitive de fonction* entraîne la radiation des cadres et la perte de la qualité de fonctionnaire et de tous les droits liés à celle-ci ; elle libère l'agent des obligations statutaires. *La radiation* produit ses effets à compter de la date de sa notification, sauf si celle-ci mentionne une date de prise d'effet postérieure. La radiation est prononcée par l'autorité locale ou le chef de l'établissement public administratif, après avis du comité départemental ou interdépartemental de gestion.

Elle est prononcée dans les cas suivants :

- Office ;
- Démission régulièrement acceptée ;
- Licenciement ou révocation.

La radiation est prononcée d'office dans les cas ci-après :

- Expiration des droits à congé de maladie ;
- Décès du fonctionnaire ;
- Départ à la retraite ;
- Condamnation pour crime ou délit volontaire à une peine privative de liberté pour une période égale ou supérieure à six mois ;
- Arrivée de l'échéance de deux mois suivant l'expiration d'une période de détachement ou de la mise en disponibilité lorsque le fonctionnaire n'a pas manifesté son intention de réintégrer la fonction publique territoriale ;
- Insuffisance professionnelle.

138. *L'incapacité permanente et définitive* entraîne la radiation sur demande ou d'office après examen par le comité technique. La radiation d'office résulte de la simple constatation du fait que le fonctionnaire se trouve dans l'un des cas énumérés aux articles 129 et 130 de la loi. Elle n'est susceptible de recours qu'en cas de contestation sur la réalité des faits invoqués, la charge de la preuve contraire incombe au requérant. *La démission* du fonctionnaire est présentée à l'autorité locale ou au chef de l'établissement public administratif. L'autorité locale ou le chef de l'établissement public administratif peut, dans l'intérêt du service, refuser la démission par décision notifiée à l'agent dans un délai de deux mois suivant le dépôt de la demande. Passé ce délai, la démission est acceptée. L'acceptation de la démission rend celle-ci irrévocable. *La révocation* est une mesure disciplinaire. Elle ne peut être prononcée que dans les conditions prévues par la loi. Le licenciement doit être assorti d'un préavis et d'une indemnité égale ou supérieure à la moitié de la rémunération mensuelle. *Le licenciement* pour insuffisance professionnelle est subordonné à la recherche antérieure d'un reclassement, soit dans le corps, soit dans un autre corps de la même catégorie. Le licenciement prononcé en vue de répondre aux besoins de l'administration ne saurait engager sa responsabilité pour faute de :

- Réorganisation du service ;
- Suppression d'emplois ou de crédits ;
- Modifications de fonctions.

Une indemnité est versée au fonctionnaire territorial évincé lorsque le licenciement résulte d'une modification de l'organisation ou du fonctionnement de service et non du fait de l'agent conformément aux dispositions de l'article 6 de la loi. N'ont pas droit à l'indemnité de licenciement :

- Les stagiaires licenciés ou révoqués au cours ou à l'expiration de la période d'essai ;
- Les titulaires détachés dans les emplois contractuels ou temporaires ;
- Les agents atteignant l'âge de la mise à la retraite ;
- Les démissionnaires ;

- Les agents immédiatement reclassés dans un emploi équivalent ;
- Les agents licenciés pour faute grave ;
- Les agents bénéficiant d'un congé pour convenances personnelles de plus d'un mois dont le réemploi est impossible, immédiatement après un an.

Le licenciement d'un agent en état de grossesse est interdit.

Paragraphe 4. La retraite, la prolongation, la préretraite

139. La limite d'âge pour faire valoir les droits à la retraite est celle applicable aux fonctionnaires de l'État. Toutefois, sur décision du ministre chargé de l'administration du territoire et à titre exceptionnel, l'âge de la retraite de certains fonctionnaires territoriaux peut être prolongé au-delà de cinquante-cinq ans pour une durée qui ne saurait dépasser deux ans. Au-delà de cette durée, le fonctionnaire peut continuer à exercer des emplois dans le cadre d'une mission précise pendant une période déterminée sur la base des contrats conclus avec les collectivités locales ou les établissements publics intéressés. Sur demande expresse acceptée par le ministre chargé de l'administration du territoire, tout fonctionnaire âgé de cinquante ans au moins et ayant accompli quinze ans de service ininterrompu peut faire valoir ses droits à la retraite avant cinquante-cinq ans. L'invalidé permanente entraîne la mise à la retraite.

Paragraphe 5. La gestion des agents non titulaires

140. Les collectivités locales peuvent recruter des agents non titulaires pour exercer des fonctions correspondant à un besoin occasionnel. Les agents non titulaires sont engagés sur contrat par la collectivité locale ou l'établissement public administratif. Le contrat est conclu pour une durée déterminée qui ne peut excéder six mois. Il est renouvelable une fois. Un engagement sur contrat peut être soumis à la condition de réussite à un test professionnel pour les emplois correspondant à la catégorie III, et à la sélection pour la catégorie IV. Les agents engagés sous contrat perçoivent une rémunération conformément aux textes en vigueur. Par dérogation aux dispositions des articles 144, 145 et 146, les collectivités locales et les établissements publics peuvent recruter des agents hautement qualifiés pour exercer des emplois dans le cadre d'une mission précise pendant une période déterminée et conclure, pour cette durée, des contrats à titre exceptionnel ; pour cette catégorie d'agents, la rémunération est fixée d'accord parties. Les agents non titulaires ne peuvent pas être titularisés dans un emploi de la fonction publique territoriale ; les dispositions relatives au statut des fonctionnaires territoriaux ne leur sont pas applicables.

Paragraphe 6. Les droits, les garanties et les obligations des fonctionnaires territoriaux

141. Le droit syndical. Le droit syndical est garanti aux fonctionnaires territoriaux qui peuvent librement créer des organisations syndicales, y adhérer et y exercer des mandats. Les organisations syndicales ont la personnalité morale.

Le droit de grève. Les fonctionnaires territoriaux exercent le droit de grève conformément aux lois et règlements en vigueur.

Le droit à la rémunération. Les fonctionnaires territoriaux ont droit à une rémunération qui est fixée en fonction du grade, du poste de travail, de l'échelon et de l'emploi auquel ils ont été nommés. La rémunération comprend un traitement de base et tous les avantages institués par les textes en vigueur. Les fonctionnaires territoriaux sont affiliés au régime de retraite de la caisse de retraite des fonctionnaires. Il peut être opéré sur le traitement d'un fonctionnaire territorial, qui s'abstient d'effectuer une partie des heures de son service, ou qui, en respectant les horaires, n'exécute pas les obligations attachées à son emploi. Ces retenues n'excédent pas la moitié du salaire.

142. Le droit à la formation professionnelle. Le droit à la formation professionnelle est reconnu aux fonctionnaires territoriaux. Ils suivent les formations professionnelles dans les conditions fixées par les textes en vigueur. Tout fonctionnaire territorial a droit, dans la mesure de son mérite et des besoins de l'administration locale, à une promotion au terme de sa formation professionnelle.

143. Le droit à la protection. Les fonctionnaires territoriaux bénéficient à l'occasion de leurs fonctions d'une protection organisée par la collectivité locale ou l'établissement public administratif dont ils dépendent. Des conditions d'hygiène et de sécurité de nature à préserver leur santé, leur intégrité physique et intellectuelle sont assurées aux fonctionnaires territoriaux dans l'exercice de leur travail. Lorsqu'un fonctionnaire de la collectivité locale ou de l'établissement public administratif est poursuivi pour faute de service, la collectivité locale ou l'établissement public administratif doit le couvrir des condamnations civiles prononcées contre lui. Lorsqu'il est poursuivi pour faute personnelle détachable de l'exercice de ses fonctions, il ne bénéficie pas de la couverture de la collectivité ou de l'établissement public administratif. La collectivité locale et l'établissement public administratif sont tenus de protéger les fonctionnaires territoriaux contre les menaces, violences, voies de fait, injures, diffamations et outrages dont ils sont victimes à l'occasion de l'exercice de leurs fonctions et de réparer, le cas échéant, le préjudice qui en résulte.

Paragraphe 7. Les obligations

Les fonctionnaires territoriaux sont astreints à plusieurs obligations.

144. L'obligation de servir. Les fonctionnaires territoriaux consacrent l'intégralité de leur activité professionnelle aux tâches qui leur sont confiées. Ils ne peuvent exercer, à titre professionnel, une activité privée lucrative de quelque nature que ce soit, à l'exception des activités agricoles, pastorales, agro-forestières, halieutiques, culturelles, d'enseignement et de recherche. L'autorité administrative qui définit la nature des obligations de l'emploi et les modalités de leur exécution est tenue de mettre le fonctionnaire en mesure d'exécuter les fonctions de sa charge.

145. L'obligation de réserve, de neutralité, d'impartialité. Les fonctionnaires territoriaux sont tenus, dans l'exercice de leurs fonctions, à l'obligation de réserve, de neutralité et d'impartialité ; il leur est interdit de faire usage de leurs fonctions à des fins de propagande politique, idéologique, religieuse. Les fonctionnaires territoriaux ont, dans l'exercice de leurs fonctions ou en dehors de celles-ci, un devoir de loyauté à l'égard de la collectivité locale et des autorités.

146. L'obligation de secret et de discrétion professionnelle. Les fonctionnaires territoriaux sont tenus au secret professionnel et doivent faire preuve de discrétion professionnelle pour tous les faits, informations ou documents dont ils ont connaissance dans l'exercice de leurs fonctions. En dehors des cas expressément prévus par la réglementation en vigueur, notamment en matière de liberté d'accès aux documents administratifs, les fonctionnaires territoriaux ne peuvent être déliés de l'obligation de discrétion professionnelle que par décision expresse de l'autorité dont ils dépendent ou par décision de justice.

L'obligation d'information. Les fonctionnaires ont le devoir de satisfaire aux demandes d'information du public dans le respect des règles mentionnées aux articles 161 et 162 de la loi.

147. L'obligation d'obéissance hiérarchique. Tout fonctionnaire territorial quel que soit son rang dans la hiérarchie est responsable de l'exécution des tâches qui lui sont confiées. Il doit se conformer aux instructions de son supérieur hiérarchique, sauf si l'ordre donné est manifestement illégal ou de nature à compromettre généralement un intérêt public. Tout agent est, en cas d'urgence, tenu de répondre à toute réquisition d'un supérieur hiérarchique lui enjoignant, dans le cadre de son emploi, d'exécuter une tâche en dehors des jours ou horaires des services réglementaires. Il est, dans ce cas rémunéré pour des heures supplémentaires qu'il accomplit.

148. L'obligation de probité. Tout agent dans l'exercice de ses fonctions est tenu à l'obligation de probité.

Cette obligation interpelle l'honnêteté des fonctionnaires territoriaux qui doivent éviter la corruption, la concussion, le trafic d'influence et l'affairisme. Les fonctionnaires territoriaux ne peuvent prendre, par eux-mêmes ou par personne interposée, dans une entreprise soumise au contrôle de l'administration à laquelle ils appartiennent ou en relation avec cette dernière, des intérêts de nature à compromettre leur indépendance. Les conditions dans lesquelles il peut être dérogé à cette interdiction sont fixées par décret en Conseil des ministres.

Paragraphe 8. Le régime disciplinaire

L'agent coupable d'avoir violé une des obligations de service s'expose à une sanction disciplinaire fixée par la présente loi.

149. Les sanctions disciplinaires. Les sanctions disciplinaires sont classées en trois groupes :

Premier groupe :
- L'avertissement ;
- Le blâme.

Deuxième groupe :
- L'exclusion temporaire.

Troisième groupe :
- La perte des droits à l'avancement ;
- L'abaissement d'échelon ;
- La rétrogradation ;
- La révocation ou le licenciement ;

Le pouvoir disciplinaire appartient au centre départemental ou interdépartemental de discipline. Parmi les sanctions, seuls le blâme et l'exclusion temporaire sont inscrits au dossier de l'agent fautif. Ils sont effacés automatiquement au bout de trois ans, si de nouvelles sanctions ne sont pas prononcées contre l'agent concerné. En cas de faute grave relèvant du troisième groupe, l'auteur peut être immédiatement suspendu par l'autorité investie du pouvoir de nomination en attendant sa comparution devant l'instance disciplinaire ou la juridiction compétente. La mesure de suspension peut être prononcée dans les cas suivants et selon les distinctions ci-après ;

En cas de détention préventive ou de garde à vue, l'agent est considéré comme en activité et conserve l'intégralité de son traitement.

En cas de condamnation à une peine privative de liberté d'une durée inférieure ou égale à six mois, l'agent fautif est suspendu pendant la durée de l'exécution de la peine, avec suppression de la moitié de sa rémunération mensuelle.

L'agent suspendu dont la situation n'est pas réglée après plus de quatre mois est rétabli dans ses fonctions, sauf si la suspension est consécutive à des poursuites pénales. Dans ce cas, une retenue est alors opérée sur son traitement d'un montant égal au tiers.

L'autorité de la collectivité locale ou de l'établissement public administratif peut saisir toute instance disciplinaire compétente en la matière.

150. Les fautes disciplinaires et leurs sanctions. Sont sanctionnées par un avertissement les fautes suivantes :

- Les retards injustifiés au travail ;
- L'état d'ébriété sur les lieux de travail ;
- La tenue vestimentaire incorrecte ou indécente ;
- Le port des articles ou supports à caractère publicitaire ou politique de nature à porter atteinte à la neutralité de l'administration ;
- L'attitude ou comportement de nature à empêcher les agents à exercer les tâches qui leur sont confiées.

En cas de récidive, il est prononcé :

- Une exclusion temporaire de quinze jours ;
- Une exclusion temporaire d'un mois avec perte de salaire.

Sont sanctionnées par un blâme les fautes suivantes :

- L'insubordination ;
- Le manquement à l'obligation de secret et de discrétion professionnels par un agent ;

L'utilisation à des fins personnelles et sans autorisation écrite du supérieur hiérarchique compétent des biens mis à sa disposition pour l'exécution d'une mission.

En cas de récidive, il est prononcé :

- Le changement à l'obligation d'office ou la mutation d'office ;
- Un abaissement d'échelon ;
- Sont sanctionnées par une exclusion temporaire avec suspension de solde les situations suivantes :

- La condamnation à une sanction privative de liberté ou d'emprisonnement d'une durée inférieure ou égale à six mois ;
- La fraude dans les examens et concours ;
- L'abandon injustifié du poste de travail pendant une semaine ;
- La rixe sur les lieux de travail ;

- Les injures et les menaces à l'encontre d'un subordonné ou d'un supérieur hiérarchique.

En cas de récidive, il est prononcé :

- La perte des droits à l'avancement ;
- La rétrogradation.

Sont sanctionnées par la révocation sans droit à pension, les fautes suivantes :

- Le vol d'outils ou d'instruments opéré au sein de l'unité administrative ;
- La soustraction et le détournement des biens publics ;
- La concussion ;
- La corruption ;
- Le trafic d'influence ;
- Le sabotage économique ;
- Le faux et usage de faux.

151. Les sanctions et leurs effets. L'*avertissement* est notifié par écrit à l'agent qui en est l'objet. Ce dernier est informé des sanctions encourues en cas de récidive. Le *blâme* entraîne l'interdiction d'exercer sa fonction pendant une durée de cinq jours avec perte, pendant cette période, de tout droit à rémunération à l'exception des *prestations familiales*. Le *changement d'affectation* et la *mutation d'office* du fonctionnaire interviennent au sein de la collectivité locale ou de l'établissement public administratif où l'agent exerce son emploi. L'*exclusion temporaire* d'un mois entraîne la perte de tous les éléments de la rémunération de l'agent pendant sa période d'effet, à l'exception de prestations familiales. *La perte des droits à l'avancement* empêche tout avancement à l'échelon ou à la classe supérieure pendant une période de trois ans à compter du jour, de la date du plus proche avancement à venir. L'*abaissement d'échelon* a pour effet de placer l'agent à un échelon inférieur à celui qu'il a atteint. Un agent ne peut être abaissé d'échelon en deçà du premier échelon de la première classe à laquelle il appartient, la perte des droits à l'avancement est substituée à la mesure d'abaissement d'échelon. La durée de cette perte est égale au temps nécessaire pour franchir l'échelon que l'agent aurait dû perdre si la mesure d'abaissement avait pu s'appliquer. La *rétrogradation* entraîne le classement d'un fonctionnaire à l'échelon immédiatement inférieur à celle dont il relève. Lorsque le fonctionnaire est classé dans la deuxième échelle d'une catégorie, la rétrogradation entraîne le classement dans la première échelle de la catégorie immédiatement inférieure. Le fonctionnaire rétrogradé est placé au premier échelon de la première classe dans l'échelle à laquelle il est intégré. *La révocation* ou *le licenciement* entraîne la *radiation* de l'agent. Elle peut intervenir avec ou sans perte des *droits à pension.* L'agent révoqué sans perte des droits à pension peut prétendre au remboursement des retenues pour pension opérées sur son traitement. Dans les cas et conditions prévus par la loi, plusieurs sanctions mentionnées ci-dessus peuvent être appliquées à une même faute. À l'exception de l'avertissement, toute sanction prononcée contre un fonctionnaire pendant la période minimum de quinze jours est affichée dans son service, à la diligence du supérieur hiérarchique. La sanction contre un agent est mentionnée dans son dossier individuel. La procédure devant les instances disciplinaires est contradictoire :

1. Le fonctionnaire territorial à l'encontre duquel une procédure disciplinaire est engagée a *droit à communication préalable* de l'intégralité de son dossier individuel et de tous les documents annexes et à l'assistance des défenseurs de son choix.

2. L'administration doit informer le fonctionnaire de son droit à communication du dossier huit jours au moins avant la date de sa comparution.

3. Aucune sanction autre que celles classées dans le premier groupe par les dispositions de l'article 170 de la loi ne peut être prononcée sans l'avis préalable d'un organisme siégeant au comité de discipline dans lequel le personnel est représenté.

4. L'avis de cet organisme, de même que la décision de sanction rendue par l'autorité administrative doivent être suffisamment et précisément motivés.

5. Le *recours gracieux* porté devant l'auteur de l'acte et le *recours hiérarchique* porté devant l'autorité supérieure ;

Le *recours contentieux* devant le juge administratif.

Toute action ne peut être portée en justice si elle n'a été précédée de recours prévu par les dispositions de l'article 188 de la loi, ou d'une demande préalable. La demande en justice n'est pas suspensive de l'exécution de la décision contestée. Des décrets en Conseil des ministres sur proposition conjointe des ministres en charge de la fonction publique, de l'administration du territoire et de la décentralisation, fixent la composition, l'organisation, le fonctionnement, ainsi que les modalités de désignation des membres des organes prévus aux articles 9,12,15,18,22, et 26 de la loi. Des décrets en Conseil des ministres sur proposition conjointe des ministres en charge de la fonction publique et de l'administration du territoire et de la décentralisation, fixent pour chaque corps, conformément aux statuts particuliers :

- Les emplois auxquels l'appartenance au corps donne accès :
- Les missions attachées à chacun de ces emplois ;
- Les conditions d'accès aux emplois ;
- Les éléments de rémunération liés à chaque emploi ;
- Le régime des congés administratifs lié à certains emplois ;
- Les règles particulières liées à certains emplois.

152. Les agents municipaux et décisionnaires visés à l'article 193 conservent les avantages qu'ils ont individuellement acquis en matière de rémunération et de retraite. Ils conservent, en outre, les avantages ayant le caractère de complément de rémunération qu'ils ont collectivement acquis au sein de leur collectivité ou établissement par l'intermédiaire d'organismes à vocation sociale. Les agents municipaux et décisionnaires en fonction à la date d'entrée en vigueur de la loi seront reversés dans un emploi de la fonction publique territoriale. Un décret en Conseil des ministres détermine les conditions et les modalités de reversement à la fonction publique territoriale de ces personnels. Les agents de l'État exerçant leurs fonctions dans un service transféré aux collectivités locales peuvent opter, selon le cas, pour le statut de fonctionnaire territorial ou pour le statut de fonctionnaire de l'État ; *le droit d'option* prévu à l'alinéa 1 est exercé dans un délai de cinq ans à compter de la publication de la loi. Il doit être donné suite à toute demande dans un délai maximal de deux ans. Les écoles nationales de formation professionnelle relevant de l'État peuvent, par voie de convention, être chargées d'organiser des concours communs pour le recrutement simultané des fonctionnaires de l'État et de fonctionnaires des collectivités locales et de leurs établissements publics administratifs.

Le régime de rémunération et de retraite des personnels des collectivités locales et de leurs établissements publics administratifs est celui applicable aux fonctionnaires de l'État. Les agents municipaux et décisionnaires affectés dans un service relevant de l'État seront à leur demande, dans un emploi relevant de la fonction publique territoriale dans les conditions prévues par la loi. Les agents mis à la disposition des exécutifs des Conseils départementaux ou municipaux dans le cadre des conventions conclues en application des lois sur la décentralisation et réinsérés sur des crédits autres que ceux de personnels seront considérés comme des agents non titulaires de la fonction publique territoriale en application des dispositions de la loi. *La mobilité* des fonctionnaires entre la fonction publique d'État et la fonction publique territoriale est interdite, sous réserve des dérogations prévues par la loi. Les dispositions de la loi entrent en vigueur à compter du 1er janvier 2005.

DEUXIEME PARTIE

LES ORIENTATIONS FONDAMENTALES DES COLLECTIVITES LOCALES, L'EXERCICE DE LA TUTELLE

L'Administration accomplit deux actes juridiques : des actes unilatéraux, ou décisions exécutoires, et des contrats.

CHAPITRE I

LES 20 GRANDES ORIENTATIONS ET L'EXERCICE DE LA TUTELLE SUR LES COLLECTIVITES LOCALES

La politique de décentralisation a des objectifs. Ceux-ci sont poursuivis en tenant compte du pouvoir normatif de l'État et de son pouvoir de contrôle.

I. LES ORIENTATIONS FONDAMENTALES DE LA DECENTRALISATION

153. Aux termes de la loi n°9-2003 du 6 février 2003, l'administration décentralisée se réalise dans le cadre du département et de la commune. Toute circonscription administrative, ayant une population jugée suffisante et un niveau de développement permettant de dégager les ressources susceptibles de garantir, à terme, les conditions d'une libre administration et sur rapport du ministre en charge de l'administration du territoire et de la décentralisation, peut être érigée en collectivité locale. La décentralisation se caractérise par la libre administration des collectivités distinctes de l'État dotées de la personnalité morale, de l'autonomie financière et gérées par des Conseils élus. La libre administration des collectivités locales s'entend de la reconnaissance à celle-ci de la plénitude des compétences dans la gestion des affaires propres. La décentralisation donne compétence aux collectivités locales de gérer leurs propres affaires et vise le développement local par la maîtrise des ressources humaines, financières et techniques. Elle ne doit, en aucun cas, porter atteinte à la souveraineté, à l'indépendance, à l'indivisibilité de l'État, à la laïcité de l'État, ainsi qu'au droit de contrôle que la loi confère au représentant de l'État.

Paragraphe 1. L'administration des collectivités locales et le statut des organes de gestion de la collectivité locale

154. Les circonscriptions administratives, dotées de la personnalité juridique et jouissant de l'autonomie financière, ont le statut de collectivités locales. Les collectivités locales sont administrées par des Conseils locaux élus au suffrage universel direct. Ils élisent, en leur sein, un bureau qui en est l'exécutif. La composition, l'organisation, les attributions et le fonctionnement des Conseils locaux et de leurs organes exécutifs sont fixés par la loi.

a. Les rapports entre l'État et les collectivités locales

155. Les collectivités locales ont une compétence générale dans la gestion des affaires locales. La répartition des compétences entre l'État et les collectivités locales s'effectue dans les conditions fixées par la loi. L'État transfère aux collectivités locales les compétences qui concourent à une gestion propre à satisfaire les besoins locaux. Les domaines de transfert des compétences sont déterminés par la loi. Tout transfert des compétences doit s'accompagner du transfert concomitant des ressources et des charges correspondantes ainsi que du transfert des services, des biens meubles et immeubles et, le cas échéant, du transfert du personnel correspondant. Le personnel des services transférés doit concourir à la mise en place de la fonction publique territoriale. Le transfert des compétences de l'État vers les collectivités locales se fait progressivement selon les conditions définies aux articles 11 à 14 de la loi. L'attribution de tout un domaine d'activité à des collectivités locales n'exclut pas, pour l'État, le pouvoir d'édicter des prescriptions générales ou particulières aux collectivités locales.

b. Le renforcement des capacités des collectivités locales

156. Le régime financier des collectivités locales. Le régime financier des collectivités locales est déterminé par la loi. Il fixe les modalités d'élaboration, d'adoption, d'approbation, d'exécution du budget et la nomenclature des ressources et des dépenses ainsi que les contrôles auxquels sont soumises les finances locales et les règles de la comptabilité des collectivités locales. L'État accorde son concours financier aux collectivités locales par le biais des organes financiers sous forme de :

- Dotation globale de fonctionnement. ;
- Dotation globale de décentralisation ;
- Dotation globale d'investissement ;
- Subventions spécifiques.

La loi relative au régime financier des collectivités locales définit les différentes dotations et précise les modalités de leur mise en œuvre.

Il est crée, auprès du ministre en charge de la décentralisation, un *comité technique d'évaluation de la décentralisation*. Les conditions d'organisation et de fonctionnement sont définies par décret en Conseil des ministres.

Paragraphe 2. Les actes et contrats des collectivités locales

157. Les actes unilatéraux des collectivités locales. Les agents des collectivités locales accomplissent des opérations matérielles telles que la capture d'un délinquant ou d'un criminel pris en flagrant délit, le dragage d'une rivière, le goudronnage d'une route. Ces opérations matérielles doivent être distinguées des *actes administratifs*, qui créent des situations juridiques nouvelles. Tous les agents de l'administration n'ont pas compétence pour prendre de telles décisions, qui sont du ressort des seules autorités administratives. Mais, tout acte d'une autorité publique n'est pas nécessairement un *acte administratif* ; il peut être un *acte législatif*, un *acte juridictionnel,* un *acte de droit privé.*

158. Les autorités administratives. Sont habilités à faire des actes administratifs, le Président de la République, les assemblées législatives, le Premier ministre, les fonctionnaires à qui ils ont délégué tout ou partie de leurs attributions, les préfets, les sous-préfets, les Conseils départementaux, les maires, les Conseils municipaux, les responsables des établissements publics.

159. Les conditions de validité des actes administratifs. La validité d'un acte administratif peut être contestée dans les cas suivants :

1- L'incompétence de son auteur ;

2- Le vice de forme ;

3- La violation de la loi ou de la chose jugée ;

4- Le défaut de motif légal ;

5- Le détournement de pouvoir.

La juridiction administrative est seule compétente pour annuler un acte administratif, mais les tribunaux judiciaires peuvent, parfois, par *voie incidente* ou d'*exception*, connaître de la légalité d'un acte administratif. En effet, ils peuvent tirer les conséquences qu'il se doit d'un acte administratif illégal, même si cet acte, n'ayant pas été attaqué en temps voulu, ne peut plus être annulé.

160. Les effets des actes administratifs. L'acte administratif accomplit ses effets dès le jour de son accomplissement inopposable aux tiers avant sa *publication* (texte à portée générale) ou sa notification (acte individuel ou particulier).

L'acte administratif est exécutoire et peut créer par lui-même des obligations aux administrés. La désobéissance à un acte administratif est, en principe, sanctionnée pénalement. Il arrive, cependant, que l'Administratif prévoit l'intervention des sanctions dont le cumul n'est possible avec une sanction pénale que si elle l'autorise formellement. La sanction administrative doit être prévue par une loi. En outre, l'Administration, qui détient la force publique, peut l'utiliser en vue d'assurer l'exécution de ses actes dans les cas prévus par la loi (dispersion des attroupements séditieux, loi du 7juin 1848) ou – suivant la jurisprudence – lorsqu'il s'agit de l'exécution d'un acte pris en vue d'obtenir l'exécution d'une loi, acte dont l'inexécution ne peut être assurée par d'autres moyens.

Les actes administratifs cessent de s'imposer en cas de *caducité* (abrogation de la loi pour l'application de laquelle ils ont été pris), de révocation ou abrogation (acte à portée générale), de retrait ou rapport (acte individuel).

161. Les contrats des collectivités locales. Une collectivité locale peut conclure des contrats de droit privé et des contrats administratifs. Ce sont les clauses du contrat et non sa qualification par les parties qui donnent sa qualité réelle au contrat passé par l'Administration. Le contrat administratif est nécessairement passé par une collectivité publique en vue de la gestion d'un service public ayant le caractère administratif.

162. Les principaux contrats administratifs. *Les marchés de travaux publics.* Ce sont des marchés par lesquels un entrepreneur s'engage à exécuter un travail d'intérêt général sur un immeuble pour le compte d'une collectivité publique et moyennant un prix convenu.

163. La concession de travaux ou de services publics. C'est un contrat par lequel une entreprise s'engage à construire (ou faire construire) et à entretenir un ouvrage qu'elle exploitera à son profit pendant un laps de temps convenu (autoroute à péage, service de transport public, etc.). Les conditions générales d'exploitation du service sont précisées par un cahier de charges composé par l'Administration.

Il y a concession, même si un ouvrage préalablement construit est confié à la gestion de l'entreprise privée, c'est-à-dire affermé. Il peut également ne pas y avoir ouvrage, mais seulement matériel d'exploitation. Est plus ou moins assimilable, la régie intéressée confiée à un tiers auquel on refuse la qualité de concessionnaire.

164. Les marchés de fournitures ou de transport. C'est le contrat par lequel un fournisseur s'engage à procurer des objets ou des marchandises à l'Administration ou à effectuer un transport pour le compte de cette dernière. Dans ces cas, un prix est indiqué. Le compromis est interdit. L'Administration ne peut jamais introduire de *clause compromissoire* dans un contrat administratif. Elle ne peut qu'exceptionnellement signer un compromis.

165. La conclusion des contrats administratifs. Des règles assez strictes sont imposées à l'Administration en matière de contrats. Si la collectivité choisit librement le bénéficiaire d'une concession de service public, elle est tenue d'appliquer certaines règles de concurrence en matière de marchés de travaux ou de fournitures pour lesquelles le procédé de l'*adjudication* est la règle (l'Administration doit choisir le moins cher), mais néanmoins se pratiquent beaucoup les *appels d'offre* (il y a concurrence, mais l'Administration n'est pas obligée de choisir le moins cher) et les *marchés de gré à gré* (seule la qualité des prestations entre en cause en cas d'urgence).

Un marché n'est définitif qu'après son approbation par le ministre ou, s'il s'agit d'une collectivité locale ou d'un établissement public, par l'autorité de tutelle.

Les pièces annexes (prescriptions spéciales et prescriptions communes) constituent des éléments constitutifs du marché, qui doit toujours être écrit. Il existe, en outre, des conditions administratives générales auxquelles le texte du marché peut se référer.

166. Les effets des contrats administratifs. Comme les contrats de droit privé, les contrats administratifs n'ont pas d'effet pour les tiers. L'Administration se réserve souvent le droit de modifier unilatéralement les obligations de son cocontractant ; elle peut sanctionner elle-même les fautes de ce dernier (déchéance ou résiliation). Le cocontractant de l'Administration a droit au prix convenu. Il peut également obtenir une indemnité si les agissements de l'Administration lui portent tort ou en cas d'imprévision.

Paragraphe 3. La responsabilité de l'Administration locale

167. La victime d'un fait dommageable qui lui est causé dans l'exercice d'une activité administrative se trouve en face de deux responsables : l'agent qui est l'auteur personnel du fait dommageable et l'administration dont l'agent relève.

Lorsqu'il s'agit d'une *faute personnelle*, la victime doit s'adresser à la *juridiction judiciaire.* Au contraire, s'il s'agit d'une *faute de service*, elle doit s'adresser à la juridiction administrative. Mais, la faute personnelle peut ne pas exclure la responsabilité de l'Administration, il y a alors *cumul de responsabilité.* La victime peut alors s'adresser soit à l'une, soit à l'autre juridiction pour une indemnisation totale (elle a intérêt à s'adresser à la juridiction judiciaire qui est plus généreuse dans l'évaluation du préjudice), dont le montant sera réparti par le juge administratif entre l'agent et l'Administration.

Dans certains cas cependant, c'est la *juridiction judiciaire* qui est toujours compétente : dommages causés par le fonctionnement du service judiciaire (notamment au cours d'opérations de police judiciaire), par un accident de la circulation même si le véhicule responsable appartient à l'Administration, par un accident scolaire ou par l'armée au cours de réquisition, ainsi que les dommages subis au cours de troubles ou d'émeutes.

168. La faute personnelle. Pour que la responsabilité personnelle de l'agent public soit engagée, il est nécessaire que cet agent ait commis une faute personnelle détachable de l'exercice de ses fonctions. C'est notamment le cas lorsqu'il a agi avec malignité et dans l'intention de nuire, ou encore par malice pure, ou enfin par animosité personnelle.

D'une manière générale, quand une action est intentée devant une juridiction judiciaire contre un agent public pour un fait accompli à l'occasion du service, l'Administration élève le conflit ; si elle ne le fait pas, elle devra prendre en charge le montant des dommages et intérêts auxquels le fonctionnaire serait éventuellement condamné.

169. Les divers cas de responsabilité de la puissance publique. Il peut y avoir responsabilité du fait des lois lorsque le préjudice subi est tout à fait certain, spécial et d'une gravité exceptionnelle, du fait d'une faute d'un agent public non détachable du service, du fait des choses inanimées, du fait d'un abus de droit.

Les cas de *responsabilité sans faute* sont plus nombreux en droit public qu'en droit privé. C'est le cas en matière d'accidents de travail des salariés de l'Administration et des collaborateurs occasionnels du service public, en matière de dommage causés par des attroupements (acte délictueux ou mesures de répression, partage de responsabilité entre la commune et l'État), en matière de dommages de guerre, en matière de risque anormal de voisinage (y compris la dépréciation des propriétés voisines de certains ouvrages publics), en matière de refus d'exécution par la force publique d'une décision de justice rendue contre un particulier.

Le législateur tend, de plus en plus, à généraliser la responsabilité sans faute de la puissance publique, comme l'y incite d'ailleurs le préambule de la Constitution de 1992 proclamant « l'égalité et la solidarité de tous les Congolais devant les charges qui résultent des calamités ».

170. La responsabilité contractuelle de la puissance publique. Les règles courantes de la *responsabilité contractuelle* sont applicables à la puissance publique.

La nature du préjudice et son évaluation. C'est au demandeur de faire la preuve qu'il a subi un préjudice certain, actuel et même parfois futur si ce préjudice futur est d'ores et déjà certain. Pendant longtemps, semble-t-il, la jurisprudence administrative s'est bornée à indemniser les *préjudices matériels* ; bien que restant réticente en matière de réparation du *préjudice moral*, elle a progressivement considéré comme des préjudices matériels les atteintes à la réputation, les souffrances physiques et les troubles dans les conditions d'existence. Plus tard, elle a recherché le préjudice matériel qui pouvait être discerné (derrière un préjudice moral lorsque les ayants droit d'une victime défunte défendaient leur revendication en arguant de la perte d'une personne tenue à l'*obligation alimentaire* envers eux. Récemment, enfin, la jurisprudence administrative a indemnisé le préjudice purement moral que représente le chagrin du propriétaire d'un chien mort du fait de l'Administration.

La *réparation du préjudice* se faisant toujours en argent, l'*évaluation du préjudice* au jour du fait dommageable conduisait l'Administration à verser en monnaie dévaluée l'indemnité calculée en fonction du préjudice évalué plusieurs années auparavant. Aussi, certains arrêts récents du Conseil d'État ont-ils admis que, dans une certaine mesure, le montant de l'indemnité pouvait tenir compte du coût de la réparation en cas de dommages aux biens ou même des modifications dans les conditions de rémunération entre l'accident et le jugement en cas de *dommages corporels* (avant la loi du 31 décembre 1957, les accidents de la circulation dont l'auteur était un agent public étaient de la compétence de la juridiction administrative).

171. Les différents recours contentieux et administratifs. Classiquement on distingue quatre types de recours contentieux :

- Le contentieux de l'interprétation ;
- Le contentieux de la répression ;
- Le contentieux de la pleine juridiction
- Le contentieux de l'annulation.

172. Le contentieux de l'interprétation. Lorsqu'une juridiction judiciaire est saisie d'une *question préjudicielle d'interprétation* d'un acte administratif ou d'appréciation de sa validité, elle saisit la juridiction administrative. Les décisions rendues par cette dernière sur *recours en appréciation* de la validité, quant à la légalité d'un d'acte administratif, ont l'*autorité de la chose jugée* et s'imposent à la juridiction judiciaire.

173. Le contentieux de la répression. Les contraventions de grande voirie sont de la compétence des juridictions administratives.

174. Le contentieux de pleine juridiction. Il y a contentieux de pleine juridiction en matière de contrats, de quasi-contrats, de responsabilité et de litige d'ordre financier entre l'Administration et ses agents. Dans le contentieux de pleine juridiction, le magistrat administratif a tous les pouvoirs d'un juge, il peut *réformer* ou *annuler* une décision administrative, ou bien condamner l'Administration à verser une indemnité, ou bien enfin rejeter le recours.

175. Le contentieux de l'annulation. Lorsqu'un administré veut faire annuler une décision quelconque de l'Administration, il dispose d'un contentieux, à peu près, gratuit et si accessible que les juridictions administratives sont encombrées au point de ne pas pouvoir juger aussi rapidement qu'il serait désirable en pareille matière. Il s'agit des *recours en excès de pouvoir,* des *recours en déclaration de nullité de droit* ou en *annulation des délibérations des Conseils municipaux*, des *recours en annulation des décisions* proclamant un candidat élu au Conseil municipal ou au Conseil départemental, ainsi que des décisions des administrations fiscales pour fausse application de la loi. Tous ces recours sont dispensés du ministère d'avocat. Ressortissent également au contentieux de l'annulation, les recours en cassation contre les jugements rendus par une juridiction administrative inférieure.

176. La liaison du contentieux. *Un recours contentieux suppose toujours l'existence d'une décision administrative*, que le demandeur joint à sa requête (il n'en est autrement qu'en matière de travaux publics et seulement devant le tribunal administratif). A l'origine de cette règle serait le fait que, de 1872 à 1889, le Conseil d'État s'était considéré comme une sorte de juge d'appel des décisions ministérielles ; étendue aux tribunaux administratifs, en 1953, la règle « joue le rôle d'un *préliminaire de conciliation* » (M. Valine).

De deux choses l'une, soit l'administré a en main une décision administrative dont il demande l'annulation, soit il forme une *demande gracieuse* auprès de l'Administration. Dans ce dernier cas, en lui répondant et en rejetant totalement ou particulièrement sa prétention, l'Administration lui fournit une décision. Si l'Administration ne répond pas dans les quatre mois qui suivent (parfois moins), on estime que ce silence prolongé équivaut à un rejet, le *silence de l'Administration* est donc ainsi interprété comme une décision implicite de rejet susceptible d'annulation. Il suffit alors au demandeur de communiquer le texte de sa demande et d'en justifier la date (récépissé de lettre recommandée, si envoie par la poste ; récépissé délivré par d'Administration, si remise en main ; exploit d'huissier). En l'absence d'une décision préalable, l'Administration peut soit opposer au recours du défendeur son irrecevabilité, soit discuter la demande au fond. Dans ce dernier cas, il ne lui est plus possible de faire valoir l'*irrecevabilité du recours*.

177. Les délais de procédure. Normalement, l'administré dispose, pour former un recours, d'un délai de deux mois à partir de la publication ou de la notification de la décision, soit à partir de la date de la décision, soit à partir de la date de la décision implicite de rejet. Il s'agit d'un délai de procédure, c'est-à- dire d'un délai franc, courant du lendemain de la publication ou de la notification de la décision administrative. Le délai est interrompu par une *demande d'assistance judiciaire* ou par un recours à une juridiction incompétente.

178. Le tribunal administratif. En principe, le ressort de chaque tribunal administratif s'étend sur plusieurs départements.

La composition. Chaque tribunal administratif est composé d'un président et d'au moins quatre conseillers ; l'un de ces derniers est chargé des fonctions de commissaire du gouvernement. Les tribunaux les plus importants sont divisés en sections.

Les conseillers sont, en principe, issus de l'École National d'Administration et de Magistrature (E. N.A.M), mais certains sont recrutés parmi les magistrats de l'ordre judiciaire et les fonctionnaires. Ils sont soumis à l'autorité du ministre de l'Intérieur.

179. Les attributions administratives. Les préfets peuvent – et parfois sont tenus de – consulter sur certaines questions le tribunal administratif, dont ils peuvent également charger les membres de missions déterminées.

Par ailleurs, c'est le tribunal administratif qui statue sur les demandes d'autorisation de plaider présentées par les contribuables qui désirent intenter une action appartenant à la commune et qu'elle néglige d'exercer.

Les attributions contentieuses. Le tribunal administratif est, en principe, le juge administratif de droit commun.

180. La compétence « rationne materiae ». En principe toutes les affaires administratives que la loi n'attribue pas expressément à une autre juridiction sont soumises au tribunal administratif, qui se prononce toujours en premier ressort.

La compétence « rationne loci ». En principe est compétent le tribunal administratif dans le ressort duquel siège l'autorité qui a pris la décision litigieuse. Cependant, en matière de contrat, c'est le lieu d'exécution qui est pris en considération (sauf si avant la naissance du litige les parties étaient convenues de s'adresser à un autre tribunal administratif). En matière de biens (mobiliers ou immobiliers), c'est la situation du bien ; en matière de responsabilité, c'est le lieu où s'est produit le fait ; en matière de fonction publique, c'est le lieu d'affectation de l'agent, etc.

181. La procédure devant le tribunal administratif. La procédure administrative est inquisitoire (c'est-à-dire qu'elle est dirigée par le juge) et écrite (des observations orales peuvent cependant être présentées à l'audience). Un *mémoire ampliatif* doit être accordé et doit suivre la *requête introductive.*

Les *mémoires en défense et les répliques* sont déposés au greffe et communiqués aux parties. En principe, il s'agit d'une procédure rapide. Lorsqu'un mémoire est communiqué à une partie, un délai limitatif lui est fixé pour répondre. En fait, l'encombrement de certains tribunaux administratifs (Brazzaville notamment) est tel qu'il est pratiquement assez rare qu'une *mise en demeure* soit adressée à la partie qui n'a pas respecté le délai imparti et qu'en absence de réponse dans le délai accordé le tribunal statue.

Dès le dépôt de la requête, un conseiller rapporteur est nommé, il procède à l'instruction. Le tribunal a la faculté d'exiger des parties, en particulier de l'Administration, qu'elles produisent toutes les pièces nécessaires à l'instruction. Des experts peuvent être nommés, une enquête orale peut être ordonnée. Lorsque l'instruction est considérée comme terminée, le dossier est transmis à un conseiller dit commissaire du gouvernement, qui l'étudie et se fait une opinion.

182. L'audience. L'*audience est publique*. Le juge rapporteur expose l'affaire, les parties présentent éventuellement des observations orales à l'appui de leurs conclusions écrites, et le commissaire du gouvernement donne ses conclusions. L'affaire est alors *mise en délibéré* au cours duquel sont éventuellement examinées les notes des parties en réponse au commissaire du gouvernement, notes qui, pas plus que *les mémoires et répliques de l'instruction* et que les observations orales, ne peuvent contenir de moyens ne figurant pas à la requête introductive.

183. Le jugement. Le jugement est rendu en audience publique. Il doit être motivé. Il est notifié aux parties en cause par les soins du *commissaire-greffier*. Il acquiert l'autorité de la chose jugée dans les conditions du droit commun. Mais, il n'est pas possible d'exécuter l'Administration. En cas d'inexécution par cette dernière, le seul recours du demandeur est de faire une nouvelle requête en dommages-intérêts pour inexécution. Les dépens, en principe, sont mis à la charge de la partie qui succombe. Cependant, le tribunal peut mettre à la charge de l'État une partie des frais d'expertise.

184. Les voies de recours. *La tierce opposition et l'appel* sont possibles.

Le délai d'appel est de deux mois.

L'appel n'a pas d'*effet suspensif*, mais la Cour suprême peut, si elle le juge opportun, ordonner de surseoir à l'exécution du jugement en appel si l'appelant le lui demande. En pratique, le *sursis* n'est que très exceptionnellement ordonné.

185. Le référé administratif. Dans les cas d'urgence, le président du tribunal administratif peut, sur simple requête, ordonner toutes mesures utiles. Il n'y a pas de référé administratif en ce qui concerne les litiges relatifs à la sécurité publique.

Le rôle de la Cour suprême dans la vie administrative congolaise est considérable. C'est tout à la fois un organisme chargé de conseiller le gouvernement dans la préparation des textes réglementaires – ainsi que, souvent, des projets de loi – et une juridiction souveraine.

Paragraphe 4. Le contrôle de légalité des actes des collectivités locales

186. Le concept de collectivité locale en tant qu'entité administrative est lié à celui de la décentralisation administrative. En effet, il y a décentralisation administrative lorsque, dans un souci d'efficacité, on rapproche l'Administration de l'administré en permettant aux citoyens d'élire leurs dirigeants locaux en vue de la gestion des affaires propres à leur localité. Par le biais de ses organes et dirigeants, une collectivité locale agit, pose des actes, prend des décisions en vue de la satisfaction des intérêts de ses habitants. La loi qui régit l'organisation et le fonctionnement des collectivités locales prévoit des mécanismes de contrôle quant à leurs actes, parmi lesquels le contrôle de légalité. Quels sont le champ d'application, les organes et les effets de ce contrôle de légalité des actes des collectivités locales ?

A. La légalité des actes des collectivités locales, actes administratifs

187. L'article premier de la loi n° 8-2003 du 6 février 2003 portant loi organique relative à l'exercice de la tutelle sur les collectivités locales dispose que « les collectivités locales s'administrent librement par des Conseils locaux élus et dans les conditions prévues par la loi notamment en ce qui concerne leurs compétences et leurs ressources». Ce principe de la libre administration des collectivités locales, l'idée d'un contrôle de la légalité peut paraître paradoxale. En réalité tel n'est pas le cas. En effet, dans un État de droit, tout citoyen doit obéir à la loi. L'Administration n'échappe pas à cette règle. Le contrôle de la légalité des actes des collectivités locales est une exigence de l'État de droit. Il s'agit d'éviter des abus de droit. (Montesquieu : L'esprit des lois, chap. 6du livre11).

B. Les sources de la légalité.

Contrôler la légalité des actes des collectivités locales revient à vérifier leur conformité à la loi. Mais, la loi doit être ici, entendue dans un sens très large. Les actes des collectivités locales doivent donc être conformes non seulement à la loi au sens strict, mais aussi à la Constitution, aux conventions, accords et traités internationaux déjà ratifiés, aux décrets, arrêtés et tous autres actes réglementaires, à la jurisprudence et, en un mot, comme en règle générale, à toute norme juridique pouvant être considérée comme supérieure à l'acte examiné.

188. Les cas d'illégalité. Les cas d'illégalité unanimement admis sont :

- L'incompétence ;
- Le vice de forme ou de procédure ;
- Le détournement de pouvoir ;
- La violation de la loi.

L'*incompétence* peut se manifester de diverses manières :

- Elle peut être matérielle. C'est le cas lorsque l'auteur de l'acte n'avait pas légalement le pouvoir de le prendre.

- Elle peut être territoriale. C'est le cas lorsque l'auteur de l'acte n'était pas l'autorité compétente là où l'acte doit être exécuté, ou lorsqu'il fait application d'une loi qui n'est pas applicable dans sa circonscription.

- Elle peut être temporelle. C'est le cas lorsque l'auteur de l'acte n'avait pas encore pris ses fonctions, ou qu'il n'était plus compétent.

Le vice de procédure résulte, comme son nom l'indique, de la méconnaissance d'une règle de procédure dans la prise de l'acte. C'est le cas lorsque, par exemple, une décision ne peut être prise qu'après avis donné par un organe déterminé, ou qu'une nomination est subordonnée à des propositions.

Le vice de forme, souvent confondu au précédent, est celui qui affecte la présentation extérieure d'un acte et non son contenu (contenant : instrumentum ; contenu : négotium). C'est le cas du défaut de signature de l'auteur de l'acte, de l'absence de contresing, du défaut de motifs lorsque la loi exige que la décision soit motivée.

Le détournement de pouvoir suppose que l'auteur de l'acte incriminé est compétent, mais qu'il a poursuivi un but autre que celui en vue duquel son pouvoir lui a été donné. Il a agi de *mauvaise foi*. (Ex : mutation d'un agent à cause de ses convictions politiques. Refus d'une autorisation administrative pour favoriser un concurrent, etc.).

La violation de la loi peut se manifester de deux manières :

- La première consiste dans le fait que la décision elle-même, c'est-à-dire le contenu de l'acte viole une loi ;

- La deuxième consiste dans le fait que les motifs de l'acte sont inexacts (par exemple : erreur de droit, qualification inexacte des faits en droit).

C. Champ d'application du contrôle de légalité

189. Tous les actes des collectivités locales peuvent être soumis au contrôle de la légalité. Mais, la loi les distingue suivant qu'il s'agit d'actes soumis à l'obligation de transmission au représentant de l'État qu'est le préfet, ou d'actes non soumis à obligation. C'est l'article 3 de la loi n° 8-2003 du 6 février 2003 qui énumère les actes soumis à cette obligation de transmission ; il s'agit :

- Des délibérations des assemblées locales quel que soit le domaine d'attribution réglementaire ou individuelle de la délibération ;

- Des décisions prises par délégation de l'assemblée délibérante par le bureau du Conseil ;

- Des décisions réglementaires individuelles prises par le maire dans le cadre de son pouvoir de police qui lui est conféré par les textes en vigueur ;

- Des actes à caractère réglementaire pris par les autorités locales qui relèvent de leur compétence en application des lois (actes de portée générale pris par les membres des exécutifs locaux dans l'exercice de leurs attributions) ;

- Des conventions relatives aux marchés, aux emprunts et aux conventions de concession ou d'affermage des services locaux, à caractère industriel et commercial ;

- Des décisions individuelles relatives au recrutement, à la nomination, à l'avancement de grades administratifs ou qui risquent de mettre en échec l'exercice d'une telle liberté.

- Des délibérations relatives au budget local.

S'agissant des actes non soumis à l'obligation de transmission au représentant de l'État et énumérés à l'article 11, il est dit à l'article 12 de la loi précitée qu'ils sont exécutoires de plein droit, mais assujettis au contrôle de légalité.

La loi n° 8-2003 du 6 février 2003 se distingue, ici, de la loi n° 16-95 du 14 septembre 1995 qui l'a précédée, en ce qu'elle indique clairement que tous les actes des collectivités locales sont assujettis au contrôle de la légalité, même quand ils ne sont pas soumis à l'obligation de transmission au représentant de l'État.

Il s'agit là d'une évolution positive, car il est un principe légal que tout acte administratif faisant grief peut être soumis au contrôle de légalité par toute personne physique ou morale dont il léserait les intérêts. Ce qui revient à dire que, même sous l'empire de la loi n° 16-95 du 14 septembre 1995, les actes des collectivités locales non soumis à l'obligation de transmission au représentant de l'État pouvaient être attaqués, sur le fondement de l'article 405 de la loi 51/83 du 21 avril 1983 portant code de procédure civile, commerciale, administrative et financière qui dispose que « le recours en annulation est recevable contre toute décision réglementaire ou individuelle émanant d'une autorité administrative ».

Paragraphe 4. Les organes de contrôle de la légalité

Le contrôle de légalité des actes des collectivités locales est par la loi confié à deux organes que sont le préfet et le juge.

1. Le préfet

190. Comme indiqué précédemment, la loi énumère les actes des collectivités locales qui doivent être obligatoirement communiqués au préfet, représentant de l'État.

Cette transmission obligatoire constitue le premier moyen par lequel le préfet se saisit des ces actes à l'effet d'exercer son pouvoir de contrôle de légalité.

Le second moyen est la saisine du préfet par les personnes physiques ou morales qui contestent un acte d'une collectivité locale et en réclament l'annulation. Cette saisine est d'ailleurs préalable à la saisine du juge compétent. C'est ce qui résulte des dispositions de l'article 8 de la loi n° 08 2003, du 6 février 2002 qui constitue une reprise des dispositions de l'article 190 de la loi n° 16-95 du 14 septembre 1995.

2. Les Juges

191. Le contrôle de légalité des actes des collectivités locales est exercé par des juges différents suivant que le préfet sollicite l'annulation d'un acte administratif (recours pour excès de pouvoir, ou *déféré préfectoral)* seulement ou la non application de cet acte dans le règlement du litige (exception d'illégalité).

a. La Cour suprême juge de l'annulation des actes administratifs

La Cour suprême est la seule juridiction compétente pour prononcer la nullité d'un acte administratif. C'est ce qui résulte des dispositions de la loi n° 51/83 du 21 avril 1983 portant code de procédure pénale, commerciale, administrative et financière, notamment en ses articles 403, 411 et 412

On parle de *déféré préfectoral* lorsque la demande d'annulation d'un acte administratif émane du préfet, et de recours pour excès de pouvoir dans les autres cas.

Les cas d'illégalité qui peuvent amener la Cour suprême à annuler un acte administratif attaqué sont comme déjà indiqué ci-dessus :

- L'incompétence ;
- Le vice de forme ou le vice de procédure,
- Le détournement de pouvoir :
- La violation de la loi.

b. Toutes les juridictions sont juges de l'exception d'illégalité

192. Tel est le principe posé par l'article 403 de la loi n° 51/83 du 21 avril 1983, article libellé ainsi qu'il suit, en son 1er alinéa : La légalité des actes administratifs ne constitue jamais une question préjudicielle de sorte que les juridictions saisies d'une exception d'illégalité au cours d'une instance, ont compétence pour apprécier et interpréter la légalité des actes administratifs versés aux débats ».

c. Les effets du contrôle de légalité des actes des collectivités locales

Les effets ne sont pas les mêmes suivant que le contrôle de légalité est exercé par le préfet, la Cour suprême saisie d'un recours pour excès de pouvoir ou déféré préfectoral, ou par toute juridiction saisie d'une exception d'illégalité en cours d'instance.

1. Effets du contrôle de légalité par le préfet

193. Le préfet exerce un contrôle administratif lorsqu'il examine la légalité des actes des collectivités locales. Le recours au préfet prévu à l'article 8 de la loi n° 8-2003 du 6 février 2003 doit s'analyser en un *recours hiérarchique* à la suite duquel le préfet peut demander à l'auteur de l'acte attaqué sa reformulation où sa rétractation. Le préfet n'a pas compétence pour annuler les actes des collectivités locales. C'est la conclusion qui résulte de la lecture des dispositions combinées des articles 4, 6, 7 et 9 de la loi précitée. Mais, le préfet peut, après avoir relevé des cas d'illégalité, faire des observations écrites pour obtenir la reformulation ou la rétraction de l'acte incriminé par son auteur. Et, lorsqu'il se heurte à la résistance de ce dernier, il doit s'adresser au juge compétent, en demandant, au besoin, le sursis à exécution de l'acte attaqué dans les cas où la saisine du juge n'a pas effet suspensif immédiat (art. 6 et 7 de la loi). Certes, l'article 8 de la loi permet à quiconque de savoir que le préfet peut demander l'annulation d'un acte des collectivités locales. Mais, aucune disposition de cette loi n'indique que dans ce cas, le préfet a le pouvoir d'annuler l'acte incriminé.

Déjà, sous l'empire de la loi n° 16-95 du 14 septembre 1995, l'article 187 reconnaissait aux autorités de tutelle « le pouvoir d'annulation des actes des autorités et des organes locaux », mais pour indiquer immédiatement après que le préfet devait formuler des observations écrites à l'auteur d'un acte jugé entaché d'illégalités pour obtenir sa reformulation, puis saisir le tribunal administratif en cas de refus opposé par cet auteur. En obligeant le préfet à saisir le juge, la loi elle-même ne lui reconnaissait plus le droit d'annuler les actes des collectivités locales.

2. Effets du contrôle de légalité par la Cour suprême

194. Lorsque la Cour suprême contrôle la légalité d'un acte administratif et juge qu'il est entaché d'illégalités, elle prononce sa nullité, soit pour le tout, soit pour une partie seulement (art. 412 du PCCAF). Mais, la Cour suprême ne peut modifier ou remplacer l'acte attaqué (art. 413). L'acte ainsi annulé cesse d'exister juridiquement, c'est-à-dire ne peut plus produire aucun effet de droit. Il disparaît même rétroactivement, car il est censé n'avoir jamais existé. Cette disparition de l'acte joue à l'égard de tous, et non pas seulement à l'égard du requérant (effet erga omnes) art. 414 du CPCCAP.

3. Effets du contrôle exceptionnel de légalité

195. Lorsqu'à la faveur d'une instance dont elle se trouve saisie, une juridiction doit examiner une exception d'illégalité soulevée par une partie contre un acte administratif produit aux débats, elle ne peut s'opposer à son exécution. Elle doit seulement constater son illégalité et son application au litige à trancher.

Le contrôle de la légalité des actes des collectivités locales n'a pas été institué pour permettre à l'administration centrale de faire échec à la libre administration des collectivités par leurs élus locaux. Il constitue plutôt une garantie pour l'État et les citoyens et oblige, les dirigeants des collectivités locales à exercer leurs compétences conformément aux lois et règlements de la République.

Paragraphe 5. Le contrôle juridictionnel des actes des collectivités locales

196. Le contrôle juridictionnel est un contrôle grâce auquel une juridiction, la Cour suprême, exerce son activité juridictionnelle exceptionnelle sur les actes des autorités administratives par le moyen de recours pour excès de pouvoir, en annulant des décisions administratives, en rejetant les recours mal fondés ou en les déclarant irrecevables. Les actes des collectivités locales sont les manifestations des volontés des autorités décentralisées dans la gestion des affaires locales. Au terme de l'article 6 de la loi n° 9-2003 du 6 février 2003 fixant les orientations fondamentales de la décentralisation en République du Congo, les circonscriptions administratives dotées de la personnalité juridique et jouissant de l'autonomie financière ont le statut des collectivités locales. L'ordonnancement juridique congolais dans le contexte actuel limite, selon l'article 3 de la loi n° 3-2003 fixant l'organisation administrative territoriale, la reconnaissance du statut des collectivités locales uniquement au département et à la commune que sont aussi des circonscriptions administratives. En ce sens, le contrôle juridictionnel des actes des collectivités locales doit être entendu de la connaissance par le juge administratif, saisi par tout intéressé, des décisions dont sont auteurs les autorités administratives des départements et des communes, pour apprécier leur conformité à la loi et en prononcer, le cas échéant, l'annulation. Il y a lieu de distinguer à cet égard, entre les actes des collectivités locales, ceux qui relèvent des Conseils locaux et ceux qui sont issus des chefs de l'exécutif du département ou de la commune. Dans ces deux cas, le contrôle juridictionnel intervient au double niveau du département ou de la commune au regard de la reforme récente de l'année 2003. Aussi, l'administration des collectivités locales ayant été confiée aux Conseils locaux qui élisent en leur sein un bureau qui en est l'exécutif, le contrôle du juge intéressera-t-il tant les décisions des assemblées locales que celles émanant de leur organe exécutif

1. Le contrôle juridictionnel des actes des Conseils locaux

Le législateur donne compétence au Conseil départemental et au Conseil communal d'administrer les collectivités locales.

A. Le contrôle juridictionnel des actes du Conseil de département

197. Le Conseil départemental, en tant qu'il rassemble l'ensemble des conseillers, constitue l'autorité délibérante du département. À ce titre, il règle, par voie de délibération, les affaires départementales dans les limites de sa compétence d'attribution conférée par le législateur. En général, les délibérations du Conseil de département sont soumises à obligation de transmission au préfet dans le délai de dix (10) jours décomptés de leur adoption. Il est procédé à leur publication par voie d'affichage sur les panneaux réservés à cet effet (article 24 al. 2, de la loi n° 7-2003 du 6 février 2003 portant organisation et fonctionnement des collectivités locales).

De manière plus spécifique, la loi prescrit de faire accompagner les délibérations sur les comptes administratifs de l'exercice clos, transmises au préfet, des états explicatifs motivés de la situation d'exercice clos du receveur départemental sur les ressources effectives, les dépenses réglées et non réglées, les crédits votés et approuvés, ainsi que les résultats des comptes administratifs et de gestion. En cas de défaillance du Conseil départemental dans l'exécution de cette obligation, le préfet qui constate ce manquement dispose de l'initiative du contrôle juridictionnel qu'il met en œuvre en saisissant le juge administratif en vue de l'annulation de la délibération dont l'illégalité est suspectée (article 25 de la loi n° 7-2003 du 6 février 2003 portant organisation et fonctionnement des collectivités locales). Le préfet a aussi, sous certaines conditions, le monopole du recours juridictionnel s'il relève des cas d'illégalité des actes ci-après des collectivités locales qui lui sont soumis dans les dix (10) jours suivant leur signature :

- Les décisions prises par délégation de l'assemblée délibérante par le bureau du Conseil ;
- Les décisions réglementaires individuelles prises par le Conseil départemental en vertu des pouvoirs de police, par le maire, dans le cadre de son pouvoir de police ;
- Les actes à caractère règlementaire, pris par les membres des exécutifs locaux, qui relèvent de leur compétence en application des lois ;
- Les décisions individuelles relatives au recrutement, à la nomination, à l'avancement de grade aux sanctions soumises à l'avis du Conseil disciplinaire et au licenciement ;
- Les délibérations relatives au budget local (article 3 de la loi 8-2003 du 6 février 2003 portant loi organique relative à l'exercice de la tutelle sur les collectivités locales).

198. Dans toutes ces hypothèses, le préfet qui procède au contrôle administratif de légalité peut constater la non-conformité des décisions à la loi. Il en tient informé par écrit le président du Conseil pour lui faire des observations dans le délai de trente (30) jours en vue de la modification des décisions concernées (article 6 al. 1 de la loi n°8-2003 du 6 février 2003 précitée). L'acte en cause peut aussi être renvoyé par le préfet (à l'organe délibérant pour une seconde lecture au cours de laquelle il pourrait être reformé. Dans ces conditions, le préfet indiquera les différentes illégalités qu'il a relevées (article 6 al.2 de la loi).

C'est seulement dans le cas où l'auteur de l'acte refusait de modifier ou de le retirer dans les délais d'un (1) mois en ce qui concerne une délibération ou de quinze (15) jours pour l'acte réglementaire que le préfet, ayant évoqué des illégalités, saisit le juge administratif pour solliciter son annulation (article 6 al. 4 de la loi organique n° 8-2003 du 6 février 2003 sus mentionnée). Il est prescrit dans ces conditions, au juge un délai de quarante-cinq (45) jours pour statuer (article 6 al. 5 de la loi organique n° 8-2003 du 6 février 2003 relative à l'exercice de la tutelle sur les collectivités locales).

Alors qu'en droit commun la Cour suprême n'accorde de sursis à exécuter de la décision attaquée que si les moyens invoqués paraissent sérieux et si le préjudice encouru par le requérant est irréparable, dans le domaine du contrôle juridictionnel des actes du Conseil départemental, le législateur a décidé qu'en cas de recours du préfet qui relève les cas d'illégalité des décisions du Conseil de département, le caractère exécutoire leur est refusé. Les actes en cause devant le juge administratif ne sont pas exécutoires, puisque la saisine du préfet a un effet suspensif à la demande de ce dernier (art. 6 al. 5 de la loi organique n° 8-2003 du 6 février 2003 citée ci-dessus). Il en est de même lorsqu'un acte du Conseil porte atteinte à une liberté publique ou individuelle ou met en péril les intérêts de la collectivité locale (art. 7 de la loi).

199. Dans le cas où la décision des organes locaux a porté atteinte aux droits d'une personne physique ou morale, le recours administratif est un préalable au recours juridictionnel, car le préfet doit être d'abord saisi en vue de l'annulation de l'acte en cause (art. 8 de la loi n° 8-2003 du 6 février 2003 portant loi organique relative à l'exercice de la tutelle sur les collectivités locales). C'est en fin de compte son silence, gardé pendant quatre (4) mois sur une réclamation, qui sera interprété comme une décision de rejet et ouvrira, alors, la voie à la saisine du juge compétent.

Il y a lieu de noter ici que cette procédure est dérogatoire de la procédure de droit commun du recours pour excès de pouvoir telle qu'elle résulte de la loi n° 51/83 du 21 avril 1983 portant code de procédure civile, commerciale, administrative et financière ayant doté le recours pour excès de pouvoir d'un régime procédural particulier, car dans cette législation, le recours administratif n'est qu'une faculté.

On observe que le législateur n'a maintenu la compétence de la Cour suprême en matière de recours pour excès de pouvoir qu'en ce qui concerne les délibérations du Conseil qui portent sur un objet étranger à ses attributions ou prises hors session, ainsi que s'agissant des délibérations du Conseil ou des actes réglementaires du pouvoir central (art. 9 de la loi n° 8-2003 du 6 février 2003).

Sont soumis au contrôle de légalité les actes des autorités locales non soumis à l'obligation de transmission au préfet, bien qu'exécutoires de plein droit. On peut envisager à leur égard tant le contrôle administratif que le contrôle juridictionnel (art. 12 de la loi n° 8-2003 portant loi organique relative à l'exercice de la tutelle sur les collectivités locales). Les actes relatifs au régime de transmission obligatoire au préfet sont également soumis au contrôle de légalité du juge compétent sur saisine du représentant de l'État ou de toute autre personne ayant intérêt à l'action (art. 33 de la loi). Tel est le régime juridique du contrôle des actes du Conseil départemental qui s'apparente à celui des actes du Conseil de commune.

B. le contrôle juridictionnel des actes du Conseil de commune.

200. Comme le Conseil de département, le Conseil de commune est un organe délibérant comprenant des membres qui portent le titre de conseillers. Par ses décisions dénommées délibérations, le Conseil municipal règle les affaires municipales (art. 58, de la loi n° 7-2003 du 6 février 2003 portant organisation et fonctionnement des collectivités locales). Le régime du contrôle juridictionnel des actes du Conseil de commune est le même que celui des actes du Conseil de département. Il convient, par conséquent, de se référer en ce qui les concerne aux développements précédents relatifs au contrôle juridictionnel des actes du Conseil de département.

Le contrôle juridictionnel des actes des autorités administratives départementales et communales ne se limite pas seulement au contrôle des délibérations des Conseils de département et de commune. Il s'étend aussi au contrôle des décisions du président du Conseil de département et à celles du président du Conseil de commune.

2. Le contrôle juridictionnel des actes du président du Conseil départemental et du président du Conseil communal

201. Du catalogue des attributions du président du Conseil de département et du président du Conseil communal, il apparaît que ces autorités ont, dans le ressort de leurs collectivités locales respectives, notamment les pouvoirs de recruter et de nommer le personnel aux emplois locaux, de gérer le patrimoine de la collectivité locale intéressée, de prendre les mesures urgentes en cas de situations exceptionnelles, d'élaborer et d'exécuter le budget de la collectivité locale concernée (art. 51 et 66 de la loi n° 7-2003 du 3 février 2003 portant organisation et fonctionnement des collectivités locales).

Le maire exerce, en outre, le pouvoir de police municipale dans sa localité. Nul doute que les actes administratifs dont il est auteur sont susceptibles d'annulation par le juge administratif comme le sont ceux du président du Conseil de département. Cependant, les expressions de « juge administratif » et de « juge compétent » abondamment utilisées dans les lois récentes sur la décentralisation n'autorisaient l'annulation des décisions administratives illégales que par la voie du recours pour excès de pouvoir. La Cour suprême était seule compétente, à l'exclusion de toute autre juridiction, pour apprécier la légalité des actes administratifs et procéder aux annulations nécessaires.

Il est, d'ailleurs, écrit que « l'institution du contrôle juridictionnel de l'administration dans l'ordonnancement juridique congolais par la voie du recours pour excès de pouvoir remonte à la loi n° 4/62 du 20 janvier 1962 portant création de la Cour suprême dont l'article 2 dispose : la Cour suprême se prononce sur les recours en annulation pour excès de pouvoir formulés contre les décisions émanant des autorités administratives » (cf. Auguste Iloki, le recours pour excès de pouvoir au Congo, édition l'Harmattan, décembre 2002 P. 19).

Certes, en toutes matières, les juridictions peuvent, quel que soit le niveau, apprécier et interpréter la légalité des actes administratifs produits par les parties au cours d'une instance judiciaire. L'exception d'illégalité ne constitue donc pas une question préjudicielle. Mais, les juridictions autres que la Cour suprême sont incompétentes à annuler l'acte administratif illégal ni même à s'opposer à son exécution. Elles se limitent à en constater l'illégalité et à écarter son application aux litiges qui leur sont soumis (art. 403 de la loi n° 51/83 du 21 avril 1983 portant code de procédure civile, commerciale, administrative et financière).

202. Un bouleversement semble s'être produit depuis l'adoption en 2003 des lois diverses sur la décentralisation. Dans les textes des avant-projets de lois y relatifs, il avait été prévu que le contrôle juridictionnel des actes des collectivités locales sera effectué par le juge administratif. C'est, par exemple, le cas lorsque le préfet relève des irrégularités dans des actes que l'organe local qui en est auteur refuse, à la demande du préfet, de modifier ou de retirer (art. 7 de l'avant-projet de loi portant loi organique relative à l'exercice de la tutelle sur les collectivités décentralisées). C'est aussi le juge administratif qui est compétent pour procéder à l'annulation des délibérations du Conseil qui portent sur un objet étranger à ses attributions ou prises hors session, ou qui violent la loi ou un acte réglementaire du pouvoir central (art. 10 de l'avant-projet de la loi portant loi organique relative à l'exercice de la tutelle sur les collectivités décentralisées). Il en est de même des actes du représentant de l'État jugés illégaux qui peuvent être déférés devant le juge administratif par l'exécutif du Conseil (art. 11 de l'avant-projet de loi portant loi organique relative à l'exercice de la tutelle sur les collectivités décentralisées).

Dans le même esprit, l'avant-projet de loi portant organisation et fonctionnement des collectivités locales prévoyait que les délibérations sur les comptes administratifs de l'exercice clos qui n'étaient pas accompagnés des états explicatifs motivés de la situation de l'exercice clos étaient susceptibles d'annulation par le juge administratif (art. 26 dudit avant-projet).

D'autres dispositions consacraient, par contre, comme auparavant la compétence de la Cour suprême en matière d'annulation des actes illégaux des autorités administratives. À titre illustratif, l'acte portant révocation d'un conseiller est susceptible de recours devant la Cour suprême (art. 23 al. 2 de l'avant-projet de loi portant loi organique relative à l'exercice de la tutelle sur les collectivités décentralisées). Or, le recours porté devant la Cour suprême contre un acte administratif est le recours pour excès de pouvoir qui vise essentiellement son annulation. La situation dans les projets de loi adoptés par le gouvernement et dans les lois votées par le Parlement, notamment la loi n°8-2003 du 6 février 2003 portant loi organique relative à l'exercice de la tutelle sur les collectivités locales n'est guère différente dans la mesure où il y a la référence au « juge administratif » ou au « juge compétent », sans autre précision, pour assurer le contrôle juridictionnel.

203. En réalité, le juge administratif est celui qui dispose de la compétence juridictionnelle en matière administrative quel que soit le niveau où l'on se situe.

C'est ainsi qu'est juge administratif :

- Le tribunal administratif ;
- Le tribunal de grande instance dans les localités qui ne disposent pas du tribunal administratif ;
- La chambre administrative de la cour d'appel ;
- La chambre administrative de la Cour suprême.

On peut donc, au regard de la panoplie des juridictions compétentes en matière administrative suivant les niveaux, affirmer que l'expression « juge administratif » n'est en réalité qu'un générique et ne peut être comprise à la seule lecture des dispositions de la réforme législative. Le « juge compétent », cette autre expression utilisée dans les lois sur la décentralisation n'est en vérité que celui qui, dans la matière concernée, en raison de sa situation géographique, peut connaître l'affaire administrative qui lui est soumise. En vérité, il s'agit du juge administratif.

S'il est tôt de proposer une réforme plus claire et franche des nouvelles lois sur la décentralisation pour conférer dans leurs dispositions le pouvoir d'annulation des actes des collectivités locales au tribunal administratif de la localité concernée, alors il conviendra donc au gouvernement, en vue de permettre l'application rationnelle des textes en matière d'annulation des actes des collectivités locales, de préciser, par actes réglementaires, le véritable sens des dispositions légales pour éviter tout atermoiement du juge dans l'appréciation de sa compétence aussi bien matérielle que territoriale.

Il est humblement conseillé au gouvernement de faire œuvre utile en organisant, à leur attention, une concertation dont la dénomination relève de sa seule appréciation, afin de les fixer sur les objectifs de la réforme et sur son contenu pour que les discordances ne s'élèvent point dans la pratique judiciaire.

II. L'EXERCICE DE LA TUTELLE SUR LES COLLECTIVITES LOCALES

204. Aux termes de la loi n°-8-2003 du 6 février 2003, les collectivités locales s'administrent librement par des Conseils locaux élus dans les conditions prévues par la loi, notamment en ce concerne leurs compétences et leurs ressources. La libre administration des collectivités locales s'entend de la reconnaissance à celles-ci de la plénitude des compétences dans la gestion de leurs affaires propres. Elle vise le développement local par la maîtrise des ressources humaines, financières et techniques propres aux collectivités locales. *La tutelle* est le contrôle de l'État sur les collectivités locales en vue de la sauvegarde de l'intérêt général et de la légalité. La tutelle s'exerce sous forme de contrôle administratif, financier et technique. Le contrôle est exercé a posteriori sous réserve des actes soumis à l'approbation préalable du représentant de l'État, notamment le budget, les emprunts, les marchés et les contrats locaux.

Paragraphe 1. Le contrôle administratif

Sont étudiés ici, le contrôle de légalité sur les actes, les contrôles sur les organes, les contrôles sur l'exécutif local et le contrôle technique.

205. Le contrôle de légalité sur les actes soumis à l'obligation de transmission au représentant de l'État. Les actes suivants des collectivités locales doivent être transmis au représentant de l'État dans les dix jours qui suivent leur signature :

- Les délibérations des assemblées locales quel que soit le domaine d'attribution ou la nature règlementaire ou individuelle de la délibération ;
- Les décisions prises par délégation de l'assemblée délibérante par le maire dans le cadre de son pouvoir de police ou par le Conseil départemental en vertu des pouvoirs de police qui lui sont conférés par les textes en vigueur ;
- Les actes à caractère réglementaire pris par les autorités locales qui relèvent de leurs compétences en application des lois. Sont ainsi visés les actes de portée générale pris par les membres des exécutifs locaux dans l'exercice de leurs attributions ;
- Les conventions relatives aux marchés, aux emprunts et aux conventions de concession ou d'affermage des services locaux, à caractère industriel et commercial ;

- Les décisions individuelles relatives au recrutement, à la nomination, à l'avancement de grade, aux sanctions soumises à l'avis du Conseil disciplinaire et au licenciement des agents ;

- Les actes qui intéressent les modalités d'exercice d'une liberté publique par un ou plusieurs administrés ou qui risquent de mettre en échec l'exercice d'une telle liberté ;

Le préfet est le représentant de l'État dans le département. Il est tenu d'accuser réception des actes soumis à obligation de transmission dans un délai de quinze jours à compter de la réception. Il doit formuler ses observations dans un délai d'un mois suivant l'accusé de réception. Passer ce délai, les actes sont réputés exécutoires.

Tout acte prévu à l'article 3 de la loi qui n'est pas transmis au préfet et (ou) non notifié aux intéressés est nul. Lorsque le préfet relève des cas d'illégalité, il saisit le président du Conseil et lui fait ses observations par écrit dans un délai de trente jours, en vue de la reformation des actes incriminés. Il peut renvoyer à une seconde lecture l'acte en cause tout en indiquant les illégalités évoquées. Dans ce cas, l'organe local, auteur de l'acte, est tenu de le modifier ou de le retirer dans un délai d'un mois, en ce qui concerne une délibération, et de quinze jours, en ce qui concerne un acte réglementaire. En cas de refus, le préfet saisit le juge administratif. Lorsqu'un acte porte atteinte à une liberté publique ou individuelle ou met en péril les intérêts de la collectivité locale, le préfet saisit en urgence et sursoit à l'exécution de l'acte incriminé. Le préfet en informe le président du Conseil. Cette saisine a un effet suspensif immédiat. Toute personne, morale ou physique, lésée dans ses droits peut saisir le préfet pour requérir l'annulation d'une décision des autorités et des organes locaux dans les délais légaux. Ce recours est préalable à la saisine du juge compétent. Sont nulles et de nul effet :

- Les délibérations du Conseil qui portent sur un objet étranger à ses attributions ou prises hors session ;

- Les délibérations du Conseil ou des actes réglementaires du président du Conseil en violation d'une loi ou d'un acte réglementaire du pouvoir central.

Dans ce cas, l'annulation est prononcée par la Cour suprême statuant en qualité de juge de l'annulation pour excès de pouvoir. Les actes du représentant de l'État jugé illégaux par l'exécutif du

Conseil, peuvent être déférés devant le juge administratif sous réserve du recours préalable. (Articles 7 à 10)

a. Les actes non soumis à l'obligation de transmission

206. Ne sont pas soumis à l'obligation de transmission au représentant de l'État :

- Les actes de gestion courante des services ou du domaine public de la collectivité locale ;
- Les actes d'administration interne notamment en matière de gestion du personnel : les conventions autres que celles mentionnées à l'article 3 de la loi ;
- Les actes d'administration quotidienne et notamment les échanges de correspondance entre les élus locaux et leurs administrés. Tous les actes pris par les autorités locales non soumis à l'obligation de transmission au représentant de l'État sont exécutoires de plein droit et sont assujettis au contrôle de légalité.

b. Le contrôle sur les organes. Le contrôle sur le Conseil.

Le Conseil est assujetti au respect des prescriptions légales notamment à celles relatives à la décentralisation administrative. La violation de ces prescriptions expose le Conseil aux sanctions prévues par la loi.

207. La suspension. Le Conseil peut être suspendu par décret en Conseil des ministres sur rapport du ministre en charge de l'administration du territoire et de la décentralisation, après avis du Sénat lorsque :

- Les dissensions internes empêchent le fonctionnement normal et régulier de l'institution.
- Le Conseil par ses délibérations met en péril les intérêts supérieurs de la collectivité locale.
- Un péril imminent apparaît, résultant de l'atteinte à l'ordre public ou des actes présentant par leur nature et leur gravité le caractère de calamité publique ou de désastre national.

Dans ces cas, la suspension ne peut excéder deux mois. La suspension peut faire l'objet d'un recours en annulation devant le juge administratif.

La dissolution. Le Conseil peut être dissout par décret en Conseil des ministres sur rapport du ministre en charge de l'administration du territoire et de la décentralisation après avis du Sénat, lorsqu'il est :

- En situation de rébellion vis-à-vis du pouvoir central ;
- Amputé de plus de la moitié de ses membres.

La dissolution est également prononcée en cas de démission collective du Conseil ou d'administration des élections. En cas de dissolution du Conseil pour les motifs évoqués à l'article 15 de la loi, le Président de la République nomme la délégation spéciale, sur proposition du ministre en charge, de l'administration du territoire et de la décentralisation. La délégation spéciale comprend : un président, un vice-président et un secrétaire.

Il est procédé, dans les quarante-cinq jours qui suivent la dissolution, à l'élection partielle pour le temps du mandat restant à courir, sauf lorsque la dissolution intervient dans les six mois qui précédent le renouvellement général. Les pouvoirs de la délégation spéciale sont limités aux actes d'administration courante et urgente. La délégation spéciale ne peut, d'une façon générale :

- Aliéner ou changer tout ou partie du patrimoine du Conseil départemental ou du Conseil municipal ;
- Modifier les prévisions budgétaires ;
- Contracter des emprunts ;
- Prendre quelque initiative que ce soit engageant la responsabilité du département ou de la commune. Lorsque le Conseil est amputé d'au moins un tiers de ses membres, il est pourvu aux sièges vacants dans les quarante-cinq jours qui suivent par une élection.

208. La substitution. Lorsqu'un organe ou une autorité locale néglige, s'abstient ou refuse d'accomplir un acte pour lequel les lois et règlements lui donnent compétence, le préfet exerce en la matière le pouvoir de substitution après une mise en demeure sans résultat. Le pouvoir de substitution, évoqué à l'alinéa ci-dessus, consiste en une intervention du préfet, en lieu et place de l'organe ou de l'autorité en cause. Le pouvoir de substitution s'exerce sur toutes les matières pour lesquelles les organes et les autorités locales ont compétence et particulièrement :

- Lorsque le président du Conseil ne convoque pas le Conseil en session ;
- Lorsque l'autorité locale ne prend pas les mesures de police indispensables au maintien de l'ordre public ;
- Lorsque le président du Conseil refuse de convoquer la session budgétaire.

C. Le contrôle sur l'exécutif local

209. Si les membres du bureau du Conseil démissionnent collectivement, le Conseil est convoqué en session extraordinaire par le préfet pour procéder à l'élection du nouveau bureau conformément aux dispositions de la loi portant organisation et fonctionnement des collectivités locales. Le préfet en informe immédiatement le ministre en charge de l'administration du territoire et de la décentralisation qui à son tour saisit, sans délai, le président du sénat.

210. Le contrôle financier. Aux termes de la loi, le contrôle financier sur les collectivités locales est un contrôle budgétaire, juridictionnel et de gestion. Le contrôle budgétaire s'exerce au moyen de la substitution dans les cas suivants :
- Budget voté hors délai ;
- Absence d'équilibre réel du budget ;
- Défaut d'inscription au budget d'une dépense obligatoire ;
- Apparition d'un déficit dans l'arrêt des comptes.

D. Le budget voté hors délai

211. Si le vote du budget des collectivités locales n'intervient pas dans les délais fixés par la loi ou si le Conseil n'adopte pas le budget pour un motif quelconque, le préfet fait constater ce manquement au Conseil. Dans ce cas, il met en recouvrement les recettes et engage les dépenses ordinaires dans les limites du budget de l'année précédente. Si le budget n'est pas voté dans un délai de vingt jours, le préfet saisit la chambre départementale de la Cour des comptes et de discipline budgétaire ou, à défaut, la Cour des comptes et de discipline budgétaire qui, dans un délai d'un mois, formule des propositions pour le règlement du budget. Le préfet règle le budget et le rend exécutoire. Les crédits dont la collectivité peut disposer au cours du mois sont, à chaque article, limités au douzième provisoire des prévisions de l'exercice précédent. Il est tenu compte des cas d'augmentations ou de diminutions résultant des mesures légales ou réglementaires prises au cours de l'exercice. Lorsque le budget de la collectivité locale ne peut être voté dans le délai requis en raison du retard d'informations indispensables en provenance du représentant de l'État, le Conseil bénéficie d'office d'un délai supplémentaire d'un mois.

E. Le Budget voté en déséquilibre

212. Lorsque le budget de la collectivité locale n'a pas été voté en équilibre, le préfet après l'avoir formellement constaté et notifié au Conseil, saisit, dans les trente jours, la chambre départementale de la Cour des comptes et de discipline budgétaire ou, à défaut, la Cour des comptes et de discipline budgétaire. Celle-ci propose, à la collectivité locale, les solutions nécessaires à l'*établissement de l'équilibre* et demande au Conseil une nouvelle délibération. Si le Conseil ne délibère pas dans les délais prescrits ou ne prend pas les mesures de redressement suffisantes, la chambre départementale de la Cour des comptes et de discipline budgétaire ou, à défaut, la Cour des comptes et de discipline budgétaire l'indique au préfet. Celui-ci propose un *budget équilibré* et le rend exécutoire. La nouvelle délibération rectifiant le budget initial doit intervenir dans un délai d'un mois à partir de la communication des propositions de rétablissement de l'équilibre. Si le Conseil n'a pas délibéré dans un délai prescrit ou si la nouvelle délibération prise ne comporte pas de mesures de redressement suffisantes, le budget devient exécutoire dans la deuxième présentation de rétablissement de l'équilibre.

F. Le défaut d'inscription au budget d'une dépense obligatoire

213. Ne sont des *dépenses obligatoires,* pour les collectivités locales, que les dépenses nécessaires à l'acquittement des dettes exigibles et les dépenses pour lesquelles la loi l'a expressément décidé. Elles doivent impérativement être inscrites de manière suffisante et exécutées. Si une dépense obligatoire n'est pas inscrite au budget ou ne l'est pas pour une somme suffisante, la chambre départementale de la Cour des comptes et de discipline budgétaire ou, à défaut, la Cour des comptes et de discipline budgétaire saisit le préfet du département, par le comptable intéressé ou par personne ayant intérêt, constate la situation et adresse *une mise en demeure* à la collectivité locale. Si cette mise en demeure reste vaine, la chambre départementale de la Cour des comptes et de discipline budgétaire ou, à défaut, la Cour des comptes et de discipline budgétaire demande au préfet d'inscrire d'office cette dépense au budget et propose éventuellement la création des ressources ou la diminution des dépenses facultatives. Le préfet peut s'écarter de la décision de la chambre départementale de la Cour des comptes et de discipline budgétaire ou à défaut de celle de la Cour des comptes et de discipline budgétaire tout en motivant sa décision. Si le président du Conseil refuse de mandater une dépense obligatoire, après une mise en demeure par le préfet, celui-ci y procède d'office.

G. L'arrêt des comptes avec déficit

214. Le président du Conseil est tenu de présenter un compte administratif lors de la session budgétaire du Conseil. Si à l'issue de cette procédure, le Conseil ne se conforme pas à ces propositions, le budget est réglé et rendu exécutoire par le préfet. Le comptable public présente le *compte de gestion.* Les deux comptes indiquent les résultats de l'exécution budgétaire de l'exercice écoulé. Si l'exécution du budget fait apparaître un déficit qui varie de 5 à 10% des recettes de fonctionnement selon la taille de la collectivité locale, la chambre départementale de la Cour des comptes et de discipline budgétaire, saisie par le préfet, formule des propositions en vue de l'établissement de l'équilibre. Le budget de l'année ou des années suivantes doit prévoir des mesures de redressement en vue de résorber le déficit conformément aux dispositions du juge et sur décision du préfet. Tout citoyen peut intenter un recours contre un compte administratif déficitaire dans un délai de deux mois à partir de la connaissance des faits.

H. Le contrôle de juridiction

215. Les actes relatifs au régime de transmission obligatoire au préfet sont soumis au contrôle de légalité du juge compétent sur saisine du préfet ou de toute autre personne ayant intérêt à l'action.

I. Le contrôle de gestion

Les comptes des ordonnateurs et des comptables des collectivités locales sont soumis au contrôle de la Cour des comptes et de discipline budgétaire et des comptables des collectivités locales.

J. Le contrôle technique

216. Le contrôle technique s'entend de l'obligation faite aux collectivités locales d'observer toutes les prescriptions prévues par les lois et règlements en vigueur dans l'accomplissement de leurs actes. Le contrôle technique sur les collectivités locales s'exerce à travers les interventions des services techniques de l'État dans la conclusion des marchés, des contrats d'exécution des travaux et d'attribution des subventions.

CHAPITRE II

LE TRANSFERT DE COMPETENCES ET LE REGIME FINANCIER DES COLLECTIVITES LOCALES

La loi définit le domaine de compétences des collectivités locales et précise l'origine de leurs ressources financières.

I. LE TRANSFERT DE COMPETENCES AUX COLLECTIVITES LOCALES

217. L'État détermine le domaine de compétences des collectivités locales. Aux termes de la loi n° 10-2003, du 6 février 2003, le transfert de compétences est l'acte par lequel l'État confie aux collectivités locales des pouvoirs qui lui sont dévolus dans le but de :

- Rapprocher l'Administration des administrés ;
- Mieux satisfaire les besoins [2]locaux.

Le transfert de compétences entraîne de plein droit la mise à la disposition de la collectivité locale bénéficiaire des biens meubles et immeubles utilisés à la date de ce transfert pour l'exercice de ces compétences. Le transfert des biens meubles et immeubles s'effectue par la mise à disposition, par l'affectation ou par la cession. *La mise à disposition* est le transfert de plein droit, par l'État, aux collectivités locales, des biens meubles et immeubles. *L'affectation* est un acte par lequel l'État met à la disposition des collectivités locales, de manière volontaire et gracieuse, des biens meubles et immeubles en vue de leur utilisation. *La cession* est l'acte par lequel l'État met à la disposition des collectivités locales, à titre onéreux, des meubles et immeubles en vue de leur administration ou de leur gestion. Les charges à transférer font l'objet d'une évaluation préalable. La base de l'évaluation d'une charge à transférer est constituée d'une part, de la capacité financière de la collectivité locale appréciée en fonction du potentiel fiscal et, d'autre part, par le besoin de financement apprécié en fonction du montant des dépenses découlant du transfert de la compétence. L'évaluation des charges prévue à l'alinéa ci-dessus est dévolue au *comité technique d'évaluation de la décentralisation*. Le transfert des services s'entend d'un transfert, de tout ou partie des services chargés, à titre principal, de l'exercice de la compétence transférée. Le transfert des services s'effectue après :

- La signature d'une convention de transfert entre l'État ou son représentant et la collectivité locale bénéficiaire ;
- La réorganisation préalable des services afin d'éviter que les modifications postérieures des règles relatives à l'exercice des compétences transférées par voie réglementaire ne créent à la collectivité locale des charges nouvelles ou à l'État des compensations supplémentaires.

218. Le personnel des services transférés conserve son statut et sa fonction. Le transfert du personnel des services transférés doit concourir à la mise en place de la fonction publique territoriale. Les ressources attribuées aux collectivités locales sont équivalentes aux charges supportées par l'État à la date du transfert de compétences. Toute charge nouvelle qui incombe aux collectivités locales, du fait des modifications par l'État des règles relatives à l'exercice des compétences transférées, est compensée par des ressources faisant l'objet d'un montant équivalent. La compensation des charges, prévue à l'article 9, s'effectue par le transfert de fiscalité ou le transfert d'impôts d'État et par la dotation globale de décentralisation. *La dotation globale de décentralisation* est un concours financier de l'État destiné à compenser les charges liées au transfert de compétences. Elle assure la compensation intégrale des charges en finançant les soldes non couverts par le transfert d'impôts d'État. Les collectivités locales règlent les affaires locales par voie de délibération. Elles ont également en charge l'exécution des lois et règlements de la République, soit au titre de leurs propres attributions et sous leur propre responsabilité, soit par délégation de l'État. Les compétences qui relèvent des domaines ci-après ne peuvent faire l'objet de transfert aux collectivités locales :

- La défense et la sécurité ;
- Les affaires étrangères ;

- La justice ;
- La monnaie ;
- Les matières premières stratégiques :
- L'enseignement supérieur ;
- Les hôpitaux et les centres hospitaliers universitaires ;
- Tout autre domaine qui fonde le caractère unitaire de l'état.

Les collectivités locales n'ont pas de compétence politique. *Les matières premières stratégiques* sont définies comme les matériaux d'origine naturelle susceptibles de transformation et d'utilisation économique essentielle à la vie de la nation.

Paragraphe 1. Les compétences des collectivités locales

219. Les affaires locales. Les besoins spécifiques propres aux habitants d'une collectivité locale liés par une solidarité d'intérêts et par un lien spécial, distinct de celui inhérent à la solidarité nationale, sont des affaires locales.

La répartition de compétences. Les compétences dans les matières ci-après sont transférées aux collectivités locales dans leur ressort territorial respectif et selon les conditions définies aux articles 17 à 40 de la loi :

- La planification, le développement et l'aménagement du territoire ;
- L'urbanisme et l'habitat ;
- L'enseignement préscolaire, primaire et secondaire ;
- La santé, l'action sociale et la protection civile ;
- L'environnement, le tourisme et les loisirs ;
- Les sports et l'action culturelle ;
- Les eaux, les forêts et la chasse ;
- L'agriculture, l'élevage et la pêche ;
- L'administration et les finances ;
- Le commerce et l'artisanat ;
- Les travaux publics et les transports ;
- Les mines, l'énergie et l'hydraulique ;
- L'emploi.

Les matières autres que celles qui sont transférées aux collectivités locales sont du domaine de l'État.

A. Les compétences transférées aux départements

220. La planification, le développement et l'aménagement du territoire. Ce sont la planification de développement et de l'aménagement du territoire, l'urbanisme et l'habitat, l'enseignement public, la santé publique, l'action sociale, le tourisme, le sport, l'action culturelle, les eaux, les forêts et la chasse, l'agriculture, l'élevage, la pêche, le commerce, l'artisanat, l'énergie, l'hydraulique.

Les départements concourent à l'élaboration du plan national de développement économique, social et culturel, en harmonisant leur plan de développement en relation avec les priorités de toutes les circonscriptions administratives. Ils ont notamment une vocation économique visant la promotion du développement dans tous les secteurs d'activités, par :

- La participation à l'aménagement du territoire ;
- La promotion du développement économique par des aides directes et indirectes ;
- La protection des intérêts économiques et sociaux de la population ;
- La satisfaction des besoins de la population en milieu rural, en particulier par le maintien des services nécessaires.

221. L'urbanisme et l'habitat. Les départements ont compétence pour :

- Élaborer et exécuter les documents d'urbanisme des communautés urbaines et rurales : schémas directeurs et plans locaux d'urbanisme ;
- Délivrer des autorisations d'occupation des sols : autorisation de construire, permis d'occuper, autorisation de camping et de caravaning, autorisation de coupe d'arbres, certificat de conformité pour les documents d'urbanisme approuvés par les services compétents ;
- Réaliser des travaux de lotissement dans les communautés urbaines et rurales ;
- Élaborer et exécuter le programme départemental de l'habitat ;
- Assurer la promotion immobilière pour la construction des logements sociaux.

222. L'enseignement public. Les départements ont compétence dans les domaines des enseignements préscolaire, primaire et secondaire pour :

- Participer à l'établissement de la tranche départementale de la carte scolaire nationale ;
- Construire, équiper, gérer et assurer la maintenance des installations y rattachées ;
- Construire ou acquérir des logements destinés aux personnels enseignants ;
- Construire ou acquérir et gérer les internats ou la promotion de leur création ;
- Attribuer les bourses ou les aides scolaires ;
- Participer à l'acquisition, à la conception et à la production de matériels didactiques ;
- Participer à la gestion des établissements et des centres bénéficiant des aides nationales ;
- Créer, équiper et entretenir les centres d'alphabétisation ;
- Sécuriser et assurer le gardiennage des établissements scolaires publics implantés dans le département.

223. La santé publique, l'action sociale et la protection civile. Les départements ont compétence pour :

- Participer à l'établissement de la tranche départementale de la carte sanitaire nationale ;
- Élaborer et exécuter les plans d'urgence de santé et d'hygiène ;
- Assainir le milieu en hygiène générale ;
- Gérer les aides sociales aux personnes vulnérables ;
- Construire ou acquérir, équiper, entretenir, gérer et assurer la maintenance des installations des : crèches, garderies d'enfants, postes de santé, centres de santé, centres de santé intégrée, centres de promotion et de réinsertion sociale ;
- Organiser les secours en faveur des victimes des catastrophes naturelles ou provoquées, incendies, inondations et autres ;
- Sécuriser et assurer le gardiennage des établissements sanitaires publics implantés dans le département, à l'exception des hôpitaux généraux et des centres hospitaliers et universitaires.

224. Le tourisme. Les départements ont compétence pour :

- Lutter contre les nuisances, la pollution et les feux de brousse ;
- Protéger les écosystèmes ;
- Assurer la protection des sols contre les érosions, les glissements de terrain et les inondations ;
- Aménager les sites et parcs départementaux ;
- Créer et entretenir des espaces verts ;
- Assurer le reboisement de proximité ;
- Collecter et traiter les ordures ménagères ;
- Aménager et gérer les sites touristiques d'intérêt local ;
- Assurer la promotion des activités touristiques et de loisirs ;
- Ouvrir, entretenir et assurer la translation des cimetières.

225. Les sports et l'action culturelle. Les départements ont compétence pour :

- Appuyer les associations sportives et culturelles des districts, des communes urbaines et rurales, ainsi que celles d'intérêt départemental ;
- Conserver les archives départementales ;
- Appuyer les activités culturelles ;
- Créer, équiper, entretenir et gérer les structures suivantes : équipements sportifs de proximité, bibliothèques, musées, salles de spectacle, parc d'attraction.

226. Les eaux, les forets et la chasse. Les départements ont compétence pour :

- Sauvegarder et gérer les eaux continentales : sources d'eaux, ruisseaux, marigots, rivières et étangs à l'exclusion des cours d'eau à statut national et international ;
- Promouvoir les activités d'ensemencement des eaux et de pêche non nocives ;
- Promouvoir l'agro-forestière ;
- Assurer la politique de reboisement de proximité et l'exploitation artisanale de la flore ainsi que de la faune ;
- Protéger les bassins versant des sources et des plans d'eau ;
- Protéger les espaces fauniques.

227. L'agriculture, l'élevage et la pêche. Les départements assurent un appui aux activités agropastorales et halieutiques, ainsi que la vulgarisation agricole.

L'administration et les finances. Les départements ont une compétence générale en administration et finances départementales, notamment pour :

- Utiliser et noter les personnels détachés ou transférés par l'État ;
- Élaborer et exécuter le budget départemental ;
- Gérer le domaine départemental.

228. Le commerce et l'artisanat. Les départements ont compétence pour :

- Construire et gérer les marchés d'intérêt départemental ;
- Promouvoir les activités des petites et moyennes entreprises et des moyennes industries ;
- Assurer l'appui à l'artisanat au niveau départemental.

229. Les travaux publics et les transports. Les départements ont compétence pour :

- Réaliser, entretenir, contrôler les routes d'intérêt local et les voiries départementales notamment les chefs-lieux des communautés urbaines et rurales ;
- Entretenir les routes départementales ;
- Élaborer et suivre les plans départementaux de transport ;
- Organiser les transports scolaires ;
- Assurer la promotion des services départementaux de transport ;
- Aménager, entretenir et gérer les gares routières et ferroviaires, les parcs de stationnement, les sports de plaisance et d'intérêt départemental dans les communautés urbaines et rurales.

230. Les mines, l'énergie et l'hydraulique. Les départements ont compétence pour :

- Exploiter les carrières de matériaux de construction, à l'exception de celles implantées dans les communes ;
- Promouvoir les énergies nouvelles ;
- Promouvoir les services de production et des sources d'électricité et d'eau potable.

B. Les compétences transférées aux communes.

231. La planification, le développement et l'aménagement. Les commune ont compétence pour :

- Planifier et contrôler rationnellement le développement urbain ;
- Émettre des avis lors de l'élaboration des plans départementaux ;
- Établir et exécuter les programmes d'aménagement et d'équipements urbains.

232. L'urbanisme et l'habitat. Les communes ont compétence pour :

- Élaborer et exécuter les documents d'urbanisme : schémas directeurs et plans communaux d'urbanisme ;
- Délivrer des autorisations d'occupation des sols : autorisations de construire, permis d'occuper, autorisation de lotissement, autorisation de clôture, permis de démolir, autorisation de camping et de caravaning, autorisation de coupe d'arbres, certificat d'urbanisme, certificat de conformité lorsque les documents d'urbanisme ont été approuvés par les services compétents ;
- Élaborer et exécuter le programme local de l'habitat ;
- Assurer la promotion immobilière par la construction de logements sociaux.

233. L'enseignement public. Les communes sont responsables des enseignements préscolaire, primaire et secondaire pour :

- La construction, l'équipement, l'entretien, la gestion et la maintenance des installations y rattachées ;
- L'organisation des transports scolaires en milieu urbain ;
- La construction ou l'acquisition des logements destinés aux personnels enseignants ;
- La participation à l'établissement de la tranche communale de la carte scolaire départementale ;
- L'exécution des programmes d'alphabétisation ;
- La sécurité et le gardiennage des établissements scolaires publics.

234. La santé publique, l'action sociale et la protection civile. Les commune ont compétence pour :

- Construire, équiper, entretenir, gérer et assurer la maintenance des installations des : crèches, garderies d'enfants, postes de santé, centres de santé, centres de santé intégrée, centres de promotion et de réinsertion sociale ;
- Assainir le milieu en hygiène générale ;
- Gérer les aides sociales aux personnes vulnérables ;
- Élaborer et exécuter les plans d'urgence contre les catastrophes naturelles ou provoquées : incendies, inondations, et autres ;
- Sécuriser et assurer le gardiennage des établissements sanitaires, à l'exception des hôpitaux généraux et des centres hospitaliers et universitaires.

235. L'environnement et le tourisme. Les communes ont compétence pour :

- Lutter contre les nuisances et la pollution ;
- Protéger les sols contre les érosions, les glissements de terrain et les inondations ;
- Protéger les écosystèmes ;
- Ouvrir, entretenir et assurer la translation des cimetières ;
- Créer et entretenir les espaces verts ;
- Assurer le reboisement de proximité ;
- Enlever les ordures ménagères ;
- Aménager et gérer les sites touristiques d'intérêt local ;
- Promouvoir les activités touristiques et de loisirs.

236. Les sports et l'action culturelle

Les communes ont compétence pour :

- Créer, entretenir et gérer les équipements sportifs de proximité, les bibliothèques municipales, les salles de spectacle, les parcs d'attraction ;
- Appuyer les associations sportives et culturelles locales.

II. Le regime financier des collectivites locales

237. Aux termes de la loi N° 30-2003 du 20 Octobre 2003, le budget de la collectivité locale est l'acte par lequel sont évaluées, prévues et autorisées les recettes et les dépenses de l'année civile. Le budget de la collectivité locale doit présenter un équilibre réel sans une impasse budgétaire. Il décrit, pour une année civile dans un document unique, l'ensemble des recettes et des dépenses de la collectivité locale en tant que personne morale de droit public. Le budget de la collectivité locale peut être constitué de plusieurs actes adoptés de manière échelonnée pendant la durée de l'exercice. *Le budget général* est divisé en budget primitif et en budget additionnel ou supplémentaire. *Le budget primitif* est le premier acte budgétaire qu'adopte la collectivité locale au cours d'un exercice. *Le budget supplémentaire* est le rectificatif du budget primitif dont les crédits sont évalués, prévus au budget primitif. Il prend en compte l'excédent de gestion des exercices antérieurs dégagé par la délibération de règlement. Des décisions modificatives peuvent intervenir lorsque le budget supplémentaire ne suffit pas à réaliser tous les ajustements nécessaires à son adoption. Dans ce cas, les conditions qui motivent ces décisions doivent présenter un caractère administratif, industriel ou commercial de la collectivité locale. Les budgets annexes comprennent les recettes et les dépenses des services et des établissements publics à caractère administratif, industriel ou commercial de la collectivité locale. Ils comprennent d'une part, les recettes et *les dépenses d'exploitation* et, d'autre part, les *dépenses d'investissement* et les *ressources spéciales* qui leur sont affectées. Les budgets annexes sont évalués, prévus, autorisés, exécutés et contrôlés dans les mêmes formes que le budget principal. Les établissements publics locaux sont des personnes morales jouissant d'une autonomie de gestion et dotées des attributs patrimoniaux et financiers pour l'exercice d'un service public. La création ou la suppression des budgets annexes est décidée par délibération du Conseil de la collectivité locale. Aucune création d'emploi, aucun recrutement ne peut intervenir s'il n'y a pas de prévisions inscrites à cet effet au budget. Aucun transfert de charge ne peut être fait à la collectivité locale, si celui-ci n'est pas accompagné d'un transfert de ressources ; de même aucune dépense relevant de l'administration centrale ne peut être imputée au budget de la collectivité locale. Lorsqu'une décision de l'État suscite une perte de ressources au budget d'une collectivité locale en cours d'exécution, *une subvention de compensation* est versée par l'État à cette collectivité. Les modalités de calcul et de reversement de cette subvention sont fixées par voie réglementaire. Les collectivités locales et les établissements publics qui leur sont rattachés sont tenus de déposer leurs fonds au trésor. Les trésoriers payeurs départementaux doivent garantir la disponibilité de fonds déposés dans leurs caisses. Toutefois, sur dérogation du ministre en charge du budget, un compte spécial du trésor peut être ouvert dans une institution financière de la place. Tous les actes ayant un incident financier recueillent les visas préalables des services compétents auprès de la collectivité locale. Tout programme de développement des collectivités locales doit, au préalable, être adopté par l'organe délibérant. L'exécution de ce programme donne lieu à une évaluation annuelle. Il peut être ouvert une ligne des dépenses éventuelles et imprévues, appelée à couvrir les dépenses de faible importance dont la nature et le montant ne peuvent être fixés au moment de l'élaboration du budget. Les crédits sont évaluatifs ou limitatifs et présentés en actions, chapitres, articles, rubriques selon une nomenclature qui est déterminée par voie réglementaire. *La nomenclature budgétaire* des collectivités locales permet la réalisation d'une classification fonctionnelle et économique, par nature des recettes et des dépenses du budget local. *Les crédits évaluatifs* sont ceux qui s'appliquent à des dépenses que la collectivité locale est tenue d'effectuer et dont le montant ne peut être strictement chiffré. Ils s'imputent, au besoin, au-delà de la dotation inscrite aux chapitres correspondants. Ils concernent certaines dépenses dont :

Paragraphe 2. Le budget de la collectivité locale

238. Les ressources et les charges. Les ressources et les charges d'une collectivité locales sont définies par la loi.

A. Les ressources

Les ressources de la collectivité locale comprennent :

- Les impôts, les droits et taxes, ainsi que le produit des amendes et des pénalités prévus par le code général des impôts dont la perception est faite au profit des collectivités locales notamment, les contributions des propriétés bâties, les contributions des propriétés non bâties, les centimes additionnels à la taxe sur la valeur ajoutée, les contributions des patentes, autres impôts non inventoriés.
- Les subventions et les dotations de l'État ;
- Les fonds de concours ;
- Les dons et legs ;
- Les droits d'enregistrement : taxe additionnelle aux droits d'enregistrement sur les mutations à titre onéreux ;
- Les rétrocessions de l'État ;
- Les ordres de recette ;
- Le produit de l'exploitation du domaine et des services de la collectivité locale tels que :

239. a. Domaine privé immobilier

- Location de bâtiments administratifs propres à la collectivité ;
- Produits de carrières ;
- Produits de droits de pêche, de chasse et de la forêt ;
- Produits de délimitation des terrains du domaine foncier ;
- Location de terrains ;
- Autres produits du domaine privé immobilier non répertoriés.

240. b. Domaine privé mobilier

- Produits de l'aliénation ou de la location d'objets mobiliers ou matériels ;
- Dividendes de valeurs mobilières ;
- Arrérages des rentes mobilières ;
- Remboursement des prêts ou des avances consentis par la collectivité ;
- Produits de la fourrière ;
- Autres produits du domaine privé mobilier non répertoriés.

241. c. Domaine public

- Produits des droits de voirie ;
- Produits des droits de place perçus dans les halles, les foires, les marchés et les abattoirs
- Produits des permis de stationnement et de location sur la voie publique, les rivières et les ports ;
- Taxe de publicité ;
- Droits d'organisation des foires ;
- Taxe sur les spectacles ;
- Centimes additionnels aux redevances aéroportuaires et portuaires ;
- Autres produits du domaine public non répertoriés.

242. d. Les revenus divers

- Produits des services concédés ;
- Produits des services à caractère économique exploités par la collectivité locale ;
- Taxe sur l'exploitation des produits de carrières ;
- Produits de cession des actes administratifs ;
- Droit de légalisation des signatures ;
- Produits de cession par les services de la collectivité locale ;
- Taxe de roulage ;
- Produit des impôts et des taxes assimilés dont la perception au profit de la collectivité locale est autorisée par les lois et règlements ;
- Taxe sur la licence de boissons ;
- Taxe sur la licence des débits de boissons ;
- Taxe sur la licence des bars dancings ;
- Taxe sur la licence des night-clubs ;
- Taxe sur la licence des hôtels et des motels ;
- Taxe hôtelière départementale ou communale ;
- Contribution des agents de l'État et du secteur privé ;
- Contribution des commerçants et des artisans ;
- Taxe sur la délivrance des certificats de nationalité ;
- Taxe sur la délivrance des casiers judiciaires ;
- Taxe sur la délivrance des certificats de résidence ;
- Taxe sur la célébration de mariage ;
- Taxe sur la publication des bans de mariage ;
- Taxe sur l'établissement d'engagements décennaux ;

- Taxe sur l'établissement de certificats de non mariage ;
- Taxe sur l'établissement des duplicata, des copies et des extraits, des pièces d'état civil ;
- Taxe sur l'autorisation de construire ;
- Une fraction de la taxe sur les produits agricoles d'exportation ;
- Taxe sur les autorisations diverses ;
- Taxe sur le permis de port d'armes ;
- Centimes additionnels sur le permis de conduire, l'immatriculation des véhicules et des engins divers.

Tout impôt, droit et taxe ne peut être crée que par la loi.

Toutes contributions directes ou autres que celles autorisées par la loi, à quelque titre que ce soit et sous quelques dénominations qu'elles se perçoivent, sont interdites, sous peine de sanction contre les agents qui confectionneraient les rôles et les objectifs, et ceux qui procéderaient au recouvrement, d'être poursuivis comme concussionnaires, sans préjudice de l'action en réparation contre tous receveurs comptables ou individus qui en auraient effectué la perception.

B. Les charges

243. Les charges de la collectivité locale comprennent :
- Les dépenses ordinaires ;
- Les dépenses en capital ;
- Annuités des emprunts ;
- Toute autre dépense dont le caractère obligatoire est expressément prévu par des dispositions législatives ou règlementaires.

Les dépenses qui n'entrent pas dans les catégories énumérées à l'article 25 sont facultatives.

244. Les dépenses en capital. Les dépenses en capital comprennent :
- Les dépenses destinées à la création, au démarrage ou à la modernisation des services de la collectivité locale, à l'équipement d'infrastructures ;
- Les dépenses destinées à l'exécution des plans de développement économique et social ;

- Les subventions accordées à des personnes morales de droit public ou de droit privé pour la réalisation d'opérations conformes aux programmes approuvés ;
- La prise de participation ou l'accroissement de participation au capital d'organismes publics ou privés.

Paragraphe 3. Les affectations budgétaires et comptables

245. Les avances de trésorerie à la collectivité locale ne constituent pas des dons, mais des *prêts à temps*. Le montant des avances de trésorerie ne doit pas excéder 20% des recettes recouvrées au cours du dernier exercice clos. Les avances de trésorerie sont accordées dès le premier semestre de chaque exercice budgétaire et ne peuvent être consenties pour le *préfinancement des dépenses d'investissement* ou *la couverture des déficits budgétaires*. Elles sont remboursées avant la fin de l'exercice. Les dotations et les subventions de l'État prévues à l'article 22 sont :
- La dotation globale de fonctionnement ;
- La dotation globale de décentralisation ;
- La dotation globale d'investissement ;
- Les subventions spécifiques, éventuellement.

La dotation globale de fonctionnement est un concours financier de l'État destiné à équilibrer les dépenses de fonctionnement de la collectivité locale. *La dotation globale de décentralisation* est un concours financier de l'État destiné à couvrir les charges nouvelles liées au transfert de compétences. *La dotation globale d'investissement* est un concours financier de l'État destiné à couvrir les dépenses d'investissement de la collectivité locale. *Les subventions spécifiques* sont des concours financiers ponctuels de l'État destinés à couvrir les dépenses non prévues. Les subventions de l'État sont versées par tranche trimestrielle à compter de la date d'exécution du budget de l'État.

A. L'élaboration, l'adoption et l'approbation du budget de la collectivité locale

246. L'élaboration et l'adoption. Le projet de budget de la collectivité locale est élaboré par l'organe exécutif. Le projet de budget élaboré par l'organe exécutif local est soumis à l'organe délibérant qui l'adopte, chapitre par chapitre, article par article.

Le projet de budget de la collectivité locale est adopté en équilibre réel.

247. L'approbation. Le projet de budget de la collectivité locale adopté par l'organe délibérant est soumis à l'approbation du représentant de l'État. L'approbation est l'acte par lequel le représentant de l'État rend exécutoire le budget de la collectivité locale. Le projet de budget, soumis à l'adoption de l'organe délibérant et transmis au représentant de l'État pour approbation, est accompagné :

- Des comptes administratifs et de gestion du dernier exercice clos ;
- Du rapport sur la situation économique et financière et les perspectives d'avenir ;
- Du point de l'exécution du budget en cours ;
- Des annexes explicatives notamment :

*Le tableau des effectifs du personnel de toute nature relevant du budget de la collectivité locale, quel que soit son statut, par service, par catégorie et par grade ;

* Un état d'emprunts autorisés et avalisés par l'État ;

* Un état des dettes et des créances à long ou moyen terme ;

* La liste complète des impôts, des taxes, des droits ou des contributions perçus au profit de la collectivité locale, leurs taux, les références des textes y relatifs, le nombre des contribuables qui y sont assujettis et le montant des recettes attendues pour chaque catégorie de ressource.

Le représentant de l'État rejette le projet de budget de la collectivité locale pour les motifs ci-après :

- Non concordance avec les affectations prévues dans la loi des finances ;
- Déséquilibre budgétaire ;
- Non respect de dispositions de l'article 36 ;
- Non prise en compte des dépenses obligatoires.

Si l'approbation du projet du budget régulièrement transmis au représentant de l'État n'intervient pas dans les délais fixés à l'article 39 de la loi, les recettes et les dépenses obligatoires s'exécutent sur la base des prévisions budgétaires de l'exercice précédent. Dans ce cas, les crédits dont la collectivité locale peut disposer au cours d'un mois, sont, à chaque article, limités au douzième provisoire des prévisions définies à l'alinéa ci-dessus. Les observations du représentant de l'État sont communiquées à l'exécutif du Conseil dans les trente jours qui suivent l'adoption de la loi des finances. Les observations du représentant de l'État sont prises en compte, soit dans le budget adopté par l'organe délibérant local, soit en annexe de ce budget. Lorsque les observations du représentant de l'État ne sont pas prises en compte, celui-ci prend les mesures conservatoires suspendant l'exécution du budget et saisit la juridiction compétente dans les trente jours qui suivent la transmission des observations à l'organe exécutif. La juridiction compétente est tenue de rendre son délibéré sous huitaine.

Paragraphe 4. L'exécution et le contrôle du budget de la collectivité locale.

A. L'exécution

248. L'exercice budgétaire de la collectivité locale débute le 1er janvier et est clos le 31 décembre. Seules les opérations et les écritures éventuelles de régularisation peuvent intervenir entre cette dernière date et le 31 janvier de l'année suivante. Les opérations d'exécution du budget de la collectivité locale incombent aux comptables publics locaux. Ces normes spécialisées sont arrêtées par le ministre en charge du budget. Les opérations visées à l'article 42 sont accompagnées des pièces justificatives conformément aux textes en vigueur. Le président du Conseil est l'ordonnateur principal du budget de la collectivité locale. Toutefois, il peut déléguer ses pouvoirs aux ordonnateurs délégués tant en recettes qu'en dépenses. Le comptable principal du budget de la collectivité locale est nommé par arrêté du ministre en charge du budget. Il est assujetti aux obligations et aux responsabilités que lui confère la loi relative au régime financier de l'État et le règlement général sur la comptabilité publique. Les fonctions d'ordonnateur et de comptable sont incompatibles. Les conjoints, les ascendants et les descendants des ordonnateurs ne peuvent être comptables du budget de la collectivité locale ou des services rattachés à celle-ci. Aucune dépense ne peut être assignée à la caisse du comptable si elle n'est pas engagée, liquidée, ordonnancée et revêtue des visas des services compétents auprès de la collectivité locale. Le comptable est pénalement et civilement responsable de sa gestion. Les dépenses assignées à la caisse du comptable ne peuvent faire l'objet d'une prise en charge comptable que s'il existe des ressources disponibles permettant leur paiement. A cet effet, le comptable adresse à l'ordonnateur, le 15 de chaque mois, une situation de trésorerie qui indique le montant des disponibilités en caisse et, à la fin de chaque mois, une situation financière indiquant le montant des disponibilités, des créances et des dettes à court terme. L'exécution du budget de la collectivité locale ne peut comporter un déficit en fin d'exercice, ni générer une accumulation d'arriérés de paiement.

Au cas où un déficit venait à être constaté, celui-ci est traité dans les conditions définies par la loi relative à l'exercice de la tutelle sur les collectivités locales. Les arriérés de paiement sont renvoyés à l'ordonnateur pour annulation et ré-imputation sur l'exercice suivant. Cette ré-imputation peut se faire soit dans le budget primitif, soit dans le budget supplémentaire. Dans ce dernier cas, l'organe délibérant doit siéger dans les soixante jours qui suivent la fin de l'exécution du budget ayant dégagé des restes à payer. Les engagements relatifs au dernier trimestre sont transmis à l'ordonnateur avant le 31 octobre, date de l'arrêt des engagements, sauf pour les salaires, les transferts aux ménages, les remboursements de la dette, les dépenses éventuelles et imprévues.

B. Les contrôles du budget

249. Le budget de la collectivité locale est soumis à un triple contrôle administratif, budgétaire et juridictionnel. Ces contrôles s'exercent dans les conditions fixées par la loi. Le contrôle administratif interne est exercé par le Conseil de la collectivité locale dans les conditions définies par son règlement intérieur. Les ordonnateurs et les comptables du budget de la collectivité locale sont soumis au contrôle des corps des contrôleurs habilités de l'État.

C. La comptabilité, l'ordonnateur et les comptables.

L'ordonnateur du budget de la collectivité locale élabore, à la fin de chaque exercice, un *compte administratif.*

Le comptable de la collectivité locale élabore, à la fin de chaque exercice, un *compte de gestion* qui retrace les résultats de sa gestion. Une fois établi, le compte de gestion est transmis à l'ordonnateur qui certifie la conformité de ces écritures par rapport au compte administratif. Les comptes administratifs et de gestion sont soumis au Conseil pour approbation par délibération après rapprochement et régularisation des écritures. Les modalités de présentation et d'élaboration des comptes administratifs et de gestion des collectivités locales sont définies par arrêté du ministre en charge du budget. Le budget de la collectivité locale fait l'objet d'une *délibération de règlement* constatant les résultats et les prévisions du budget primitif complété, le cas échéant, par *le budget additionnel* et les *budgets annexes.* Cette délibération est approuvée par l'organe délibérant avant la fin de l'année qui suit l'année de l'exécution du budget. La délibération de règlement est transmise, par le préfet, à la Cour des comptes et de discipline budgétaire dans les conditions définies par la loi.

Paragraphe 5. Les responsabilités et les infractions des ordonnateurs et des comptables publics

250. L'ordonnateur et le comptable public, dans l'exercice de leurs fonctions, sont assujettis au règlement général sur la comptabilité publique. Il est interdit aux ordonnateurs de décider d'une dépense au-delà des crédits ou des autorisations de programme qui ont été régulièrement ouverts ou de procéder à des recrutements au-delà des effectifs autorisés par le budget. L'ordonnateur du budget de la collectivité locale ne doit accroître par aucune ressource particulière le montant des crédits, affectés aux dépenses de leurs services respectifs, ni imputer une dépense sur le crédit d'un chapitre ayant un autre objet ou effectuer un transfert ou un virement, en violation des dispositions des articles 18, 19 et 20. Tout agent public qui, dans l'exercice de ses fonctions, aura procuré ou tenté de procurer à lui-même ou à autrui un avantage injustifié, pécuniaire ou en nature, est passible de poursuites pénales pour concussion. Lorsque les objets mobiliers ou immobiliers appartenant à la collectivité locale ne peuvent être réemployés et sont susceptibles d'être vendus, la vente est faite dans les formes prescrites par les textes en vigueur. Le comptable est personnellement et pécuniairement responsable de sa gestion. Les infractions au présent régime financier sont punies par les lois et règlements en vigueur. Notamment en cas de :

- Rétention ou la dissimulation, de la part du comptable, des informations sur la trésorerie et la situation financière de la collectivité ;
- Exécution du budget de la collectivité locale adoptée
- Préalable par l'organe délibérant public ou privé local en vue d'une aliénation, en violation des lois et règlements.

Les conditions de passations, d'exécution et de contrôle des marchés publics des collectivités locales sont déterminées par voie réglementaire.

Le fondement juridique des acteurs financiers locaux

251. Les règles générales de gestion des finances locales définies par la loi n° 30-2003 du 20 octobre 2003 portant institution du régime financier des collectivités locales s'inspirent des textes de l'État, notamment :

- La loi n° 1-2000 du 1er février 2000 portant loi organique relative au régime financier de l'État ;
- Le décret n° 2000-187 du 10 août 2000 portant règlement général sur la comptabilité publique.

Au niveau de l'État, la mise en œuvre de ces règles générales est assurée par les directions générales du budget, du trésor, des impôts, du contrôle financier, de la comptabilité publique, etc. Au niveau des collectivités locales, la mise en œuvre des règles générales de la loi n°30-2003 du 20 octobre 2003 est assurée par les structures déconcentrées de l'État dans les départements et communes et par les structures décentralisées. Cependant, il convient de signaler les deux principes suivants :

- La compétence de recouvrement des recettes et de paiement des dépenses n'est dévolue qu'aux services déconcentrés de l'État ; il s'agit d'une compétence non transférée ;

- La direction générale de la comptabilité publique, qui ne dispose pas encore de structures déconcentrées, reste seule compétente pour définir les normes de comptabilité publique.

En effet, aux termes du décret n° 99-2001 du 31 octobre 1999 portant attributions et organisation de la direction générale de la comptabilité publique, celle-ci est chargée, entre autres de :

- Élaborer la réglementation générale de la comptabilité des recettes et des dépenses de l'État et des collectivités locales ;
- Assurer la normalisation comptable des établissements publics soumis aux règles de comptabilité publique ;
- Mettre en œuvre les réformes budgétaires et comptables de l'État, des collectivités locales et des établissements publics ;
- Effectuer les contrôles, sur place et sur pièces, des postes comptables du trésor public, des collectivités locales et des établissements publics.

Paragraphe 6. La désignation des acteurs du processus financier local

252. Les acteurs du processus financier local sont :

- La direction départementale du trésor au chef-lieu, les perceptions des districts, les recettes municipales dans les communes pour les attributions dévolues au centre, à la direction générale du trésor ;
- La direction départementale des impôts et les inspections divisionnaires des impôts pour les attributions dévolues au centre, à la direction générale des impôts ;
- La direction départementale du contrôle financier au chef-lieu et la délégation du contrôle financier dans les communes pour les attributions dévolues au centre, à la direction générale du contrôle financier ;
- Les centres de sous-ordonnancement, services déconcentrés de la direction générale du budget, créés récemment.

Outre ces services déconcentrés, les collectivités locales disposent des directions du budget départemental pour le département et des directions des finances municipales pour les communes.

A. La direction du budget départemental (DBD)

253. La DBD, créée par arrêté n° 1549 / MATD/CAB du 3 février 2005 portant attributions et organisation du secrétariat général du Conseil départemental, est l'héritière de la direction du budget régional créée par arrêté n° 11025 du 27 décembre 1980. Cette dernière est elle-même héritière de la délégation des finances.

La DBD assiste le président du Conseil dans l'élaboration et l'exécution du budget, l'élaboration du compte administratif, du certificat de concordance du compte de gestion du comptable et du compte administratif et de la délibération de règlement.

Elle étudie tous les projets de textes ou mesures des autorités locales ayant une incidence financière.

Ce travail suppose :

- La centralisation des prévisions des recettes et des dépenses ;
- L'établissement des prévisions définitives ;
- La réalisation des compressions et des majorations nécessaires pour obtenir l'équilibre financier ;
- L'exécution des opérations budgétaires en recettes et en dépenses.

La direction du budget départemental joue le rôle d'agent de liaison ou celui d'intermédiaire entre le président du Conseil, ordonnateur du budget local, et le directeur départemental du contrôle financier et de la recette des collectivités locales. Dans la pratique, ce service administratif départemental rencontre d'énormes difficultés dans la collecte des données, la centralisation de celles-ci, l'élaboration des points d'exécution périodiques et des comptes administratifs.

Ces difficultés sont liées tant à la mauvaise circulation des données, à l'absence des fichiers des contribuables, aux rapports, parfois conflictuels entre les services administratifs impliqués dans le processus budgétaire, qu'à l'insuffisance des capacités en ressources humaines et en équipements. Les directions des finances municipales jouent le même rôle et rencontrent les mêmes difficultés que la direction du budget départemental.

B. Le centre de sous ordonnancement

254. Créé par arrêté n°5470 /MEFB/CAB du 16 juin 2004 portant attributions et organisation des services et bureaux de la direction générale du budget, le centre de sous ordonnancement est chargé de :

- Assurer les opérations de liquidation et l'ordonnancement des crédits de services déconcentrés de l'État et des subventions allouées aux collectivités locales,
- Participer à l'élaboration des budgets et des comptes administratifs des collectivités locales :
- Proposer des mesures d'assainissement des finances locales :
- Participer aux négociations des dons et emprunts pour le compte des collectivités locales ;
- Assurer la gestion de la solde des agents de l'État en service dans les collectivités locales ;
- Faire appliquer la réglementation en vigueur en matière des finances publiques.

Le centre de sous ordonnancement est héritier d'une partie des attributions de l'ancienne délégation des finances. Les normes et procédures budgétaires et comptables applicables aux centres de sous ordonnancement sont fixées par l'arrêté n°5471/MEFB-CAB du 16juin 2004.La mise en œuvre du couple déconcentration-décentralisation a amené le gouvernement à créer le centre de sous ordonnancement, service administratif départemental, chargé des opérations financières auprès du préfet, des sous-préfets et des directeurs déconcentrés. Il assure le suivi des crédits que l'État met à la disposition de ces entités administratives et services déconcentrés.

C. La Direction Départementale du Trésor (DDT)

255. Au terme du décret n°2003-141 du 31 juillet 2003 portant attributions et organisation de la direction générale du trésor, les services extérieurs du trésor implantés dans les départements et impliqués dans le processus des finances des collectivités locales, sont les suivants :

- Les directions départementales du trésor ;
- Les recettes municipales ;

- Les perceptions d'arrondissements ;
- Les recettes d'impôts ;
- Les recettes des Unités des Grandes Entreprises (UGE).

Ces services sont régis par des textes spécifiques. Les directions départementales du trésor et le receveur municipal sont des comptables secondaires du budget de l'État dans les collectivités locales. Ils sont comptables principaux des budgets des départements et des communes. Ils sont chargés de toutes les attributions financières qui peuvent leur être dévolues par les lois et les règlements. Le directeur départemental du trésor est chargé, notamment :

- De l'exécution des opérations de recettes et de dépenses du budget départemental et de celles des établissements publics départementaux dont il est le comptable principal ;
- Du contrôle de l'intégration dans ses écritures des opérations d'autres postes comptables rattachés ;
- Du contrôle hiérarchique des autres postes comptables de son ressort territorial.

Avec l'existence des mesures nouvelles en faveur de la décentralisation, qui donnent une plus grande liberté aux collectivités locales, les nouvelles fonctions viennent se greffer sur les anciennes. Elles sont liées à la multiplication des interventions de l'administration dans la vie économique et sociale de la communauté, et rendent plus nécessaire encore l'aide des comptables publics qui doivent assister les gestionnaires locaux plus que par le passé.

La mission des comptables ne se limite plus au seul respect des règles de la comptabilité publique dans le cadre de l'exécution financière des budgets dont ils ont la charge et la tenue de la comptabilité correspondante. Le directeur départemental du trésor exerce un rôle de Conseil auprès des élus locaux.

Dans l'exécution de ses missions, la direction départementale du trésor rencontre des difficultés liées à l'absence de données sur les recouvrements effectués dans les districts et dans certains services administratifs, à cause de la décentralisation de la comptabilité des districts qui s'effectue à Brazzaville, et de l'autoconsommation des menues recettes dans les districts et services départementaux. A cela s'ajoute le non déblocage des subventions de l'État dans les proportions souhaitées.

La recette municipale joue le même rôle que la direction départementale du trésor. Elle constitue aussi un poste comptable chargé, de nos jours, de la paie des salaires des agents municipaux.

Le trésor public est bien implanté à l'intérieur du pays avec ses percepteurs de districts et les receveurs municipaux. Avant la récente réforme, ces derniers envoyaient leur comptabilité au DDT qui la centralisait avant de l'envoyer à Brazzaville. Actuellement, après la réforme, la comptabilité est envoyée directement à Brazzaville et, le plus souvent, il n'y a pas de retour de l'information au DDT. C'est pourquoi, il est difficile d'intégrer dans le budget départemental, les recettes des départements en provenance de ces entités.

En vue de résorber ces difficultés, il y a lieu que la direction générale du trésor lutte contre la sédentarisation des comptables et qu'une instruction soit prise pour rappeler aux percepteurs des districts que la mission de recouvrement des recettes locales n'est pas transférée aux collectivités locales. Elle est une compétence dévolue aux services extérieurs du trésor, présents dans les collectivités locales. En matière de recettes locales, les percepteurs des districts sont soumis au contrôle du directeur départemental du trésor. Leur comptabilité s'insère dans celle de la collectivité locale, telle qu'elle est tenue par le comptable principal. Pour résoudre l'épineuse question de la répartition à la base des impôts entre l'État et les collectivités locales, il est souhaitable que soit nommé, dans chaque perception de district, un comptable chargé des opérations de recettes et de dépenses des collectivités locales qui doit être intégré à la direction départementale du trésor.

D. La direction départementale des impôts (DDI)

256. Le code général des impôts distingue, certes, les impositions perçues au profit de l'État de celles perçues au profit des collectivités locales, mais leur recouvrement relève de la compétence exclusive des services de la direction générale des impôts qui sont implantés dans les collectivités locales. Ces services administratifs et comptables rencontrent eux aussi des difficultés dans la maîtrise ou l'élaboration des rôles des impôts. L'absence de moyens roulants et d'équipements informatiques au niveau de ces services, dans des nombreuses collectivités locales, entraîne l'absence ou le retard de la rétrocession des impôts recouvrés, parfois sur toute une année. Un seul directeur départemental des impôts dessert, par exemple, les départements de la Bouenza, de la Lékoumou et du Niari ; et il n'y en a qu'un aussi pour le Pool-Nord et tout Brazzaville. Dans bien des cas, le DDI a sous son autorité des inspecteurs divisionnaires qui, faute d'équipements et de ressources, ne s'occupent que du chef-lieu du département où ils sont basés.

E. La direction départementale et la délégation du contrôle financier

257. Au terme du décret n° 99-196 du 31 octobre 1999 portant attributions et organisation de la direction générale du contrôle financier (DGCF), les directions départementales et les délégations du contrôle financier sont des services de la DGCF, situés entre l'ordonnateur et le comptable, et qui sont chargés de :

- Exercer le contrôle budgétaire a priori ;
- Suivre l'exécution des dépenses relatives au programme de développement économique et sociale ;
- Tenir à jour la comptabilité des dépenses engagées et des ordonnancements ;
- Viser les mandats et les ordres de paiement, les conventions et marchés publics locaux ;
- Exercer un droit de révision sur les opérations exécutées par les gestionnaires, les comptables, tant en recettes qu'en dépenses ;
- Suivre la constitution des créances autres que les recettes fiscales ;
- Viser les actes de gestion du personnel de la fonction publique territoriale et tout autre acte ayant une incidence financière ;
- Refuser, en le motivant, le visa.

Paragraphe 7. Les ressources budgétaires des collectivités locales proprement dites

258. Les ressources des collectivités locales sont définies par la loi n°30-2003 du 20 octobre 2003 portant institution du régime financier des collectivités locales, notamment en son article 22.

Les impôts, droits et taxes ainsi que le produit des amendes et pénalités dont la perception est faite au profit des collectivités locales par les services des impôts.

Il s'agit des :

- Contributions des propriétés bâties et non bâties ;
- Contributions des patentes ;
- Centimes additionnels à la taxe sur la valeur ajoutée ;
- Autres impôts non inventoriés.

259. Le produit de l'exploitation du domaine et des services de la collectivité locale, tels que :

- Le domaine privé immobilier ;
- Le domaine privé mobilier ;
- Le domaine public.

260. Les revenus divers, comprennent :

- Les produits des services concédés ;
- Les produits des services à caractère économique ;
- Les produits de cession des actes d'état civil et administratif ;
- Les taxes de roulage et diverses licences ;
- Les taxes hôtelières.

Les collectivités locales bénéficient également des subventions et des dotations.

261. Les subventions et les dotations incluent :

- La dotation globale de décentralisation ;
- La dotation globale d'investissement ;
- Les fonds de concours ;
- Les dons et legs ;
- Les rétrocessions de l'État.

Paragraphe 8. Les emprunts garantis par l'État

262. Par impôts locaux, il faut entendre l'ensemble des impôts qui sont perçus au profit des collectivités locales, c'est-à-dire les départements et les communes. Ils se caractérisent par leur forte contribution aux budgets des collectivités et par leurs tarifs ou taux qui varient d'une collectivité locale à une autre. Le code général des impôts distingue les impôts d'État de ceux des collectivités locales, sans précision quant à l'affectation de ces impôts et contributions aux collectivités locales : le département et la commune. La direction générale des impôts est chargée de l'assiette, de la liquidation et du recouvrement de ces impôts. Leur répartition aux différentes collectivités locales bénéficiaires est de la compétence du comptable public. La loi a prévu, à travers le code général des impôts (C.G.I), un nombre d'impôts et taxes collectés au profit des collectivités locales pour alimenter leurs budgets. Il s'agit, notamment, de :

- La taxe régionale ;
- La contribution des patentes ;
- La contribution des licences ;
- La taxe sur la valeur locative des locaux professionnels ;
- Les centimes additionnels à la taxe sur la valeur ajoutée ;
- La contribution foncière des propriétés bâties,
- La contribution foncière des propriétés non bâties ;

Les impôts et taxes ci-dessus énoncés sont recouvrés soit par système de paiement par anticipation (PPA), soit par voie de rôle nominatif, soit par contrainte (recouvrement forcé) à la suite d'une campagne de contrôle ou d'une descente des agents de poursuite.

Paragraphe 9. Les impôts locaux recouvrés par P.P.A

263. Les impôts locaux recouvrés par le système des paiements par anticipation sont :

- La taxe régionale ;
- La contribution des patentes ;
- La contribution des licences ;
- Les centimes additionnels à la TVA ;
- La taxe sur la valeur locative des locaux professionnels.

A. La taxe régionale

264. La taxe régionale est due selon les dispositions de l'article 321 du code général des impôts, par toute personne physique de 18 ans révolus, sans distinction de statut, ayant sa résidence habituelle au Congo au 1er janvier de l'année d'imposition. Le code général des impôts a prévu des exemptions, à l'article 323. Ce sont :

- L'objet et le champ d'application de la taxe régionale ;
- Le taux et les modalités de recouvrement de la taxe régionale.

Ce faisant, le Conseil s'était inscrit dans la logique de la vulgarisation de la taxe et du renforcement des capacités des agents d'exécution à la base.

B. Objet et champ d'application

265. La taxe régionale instituée par l'article 321 du code général des impôts au profit des régions, est une taxe de capitation à caractère strictement local due par toute personne physique âgée de 18 ans révolus à la même date, sans distinction de statut, ayant sa résidence habituelle sur le territoire de la région au 1er janvier de l'année d'imposition.

Sont exemptés de la taxe régionale :

- Les militaires pendant toute la durée légale de leur service militaire et pendant l'année qui suit leur libération, ainsi que leurs femmes et leurs enfants mineurs ;
- Les soldats et caporaux à solde spéciale ou à solde spéciale progressive n'ayant pas d'autres revenus sur leurs soldes ;
- Les mutilés ou reformés de guerre ainsi que les victimes d'accidents de travail dont le degré d'invalidité est égal ou supérieur à 40% ;
- Les agents diplomatiques, les consuls et agents consulaires de nationalité étrangère, à la condition de n'exercer, ni commerce, ni industrie, et sous réserve que les pays qu'ils représentent, accordent des avantages analogues aux agents diplomatiques et consulaires congolais ;
- Les personnes ayant au moins 5 enfants vivants, lorsqu'elles ne sont pas assujetties à l'impôt sur le Revenu des Personnes physiques (IRPP) ;
- Les enfants âgés de 18 à 25 ans fréquentant régulièrement une école officielle ou autorisée et ne disposant d'aucun revenu propre. L'exonération est subordonnée à la production d'un certificat de scolarité délivré par l'autorité compétente ;
- Les contribuables trypanosomes, lorsqu'ils sont hospitalisés ;
- Les personnes du troisième âge.

Paragraphe 10. Taux et modalités de recouvrement

266. Le taux de la taxe annuelle est fixé à 1.000 francs CFA.

Le recouvrement de la taxe régionale s'effectue :

- Dans les villages et quartiers par les chefs de quartiers et de villages ou par la personne publiquement désignée par la majorité des habitants en l'absence du chef de quartier ou de village. Cette personne peut être choisie parmi les élus locaux : au moment du règlement coutumier des litiges, lors de la vente ou de la commercialisation des produits agricoles, à l'occasion du recensement administratif de la population ;
- Dans les administrations, par les chefs des services, à l'occasion des prestations des services - La taxe due par les agents du secteur public est perçue par voie de précompte par les services du ministre des finances, et est répartie sous forme de ristourne aux collectivités locales ;
- Dans les postes de police et au greffe des tribunaux ;

La taxe des opérateurs économiques est perçue au même moment que la patente de l'année ;

La taxe due par les salariés du secteur privé est perçue par voie de précompte effectué par l'employeur sur les salaires du mois de janvier de l'année, au titre de laquelle la taxe est perçue, en incluant les femmes des salariés et les personnes à charge, en âge de payer l'impôt. Les sous-préfets et les chefs du personnel de ces entreprises établissent les rôles de recouvrement, qu'ils transmettent au poste comptable.

Une ristourne de 20% est accordée aux agents de recouvrement pour les versements effectués au trésor au cours du premier semestre. Le bénéfice de la ristourne est de 15% pour les versements effectués au cours du deuxième semestre. La ristourne est supprimée à tous les agents de recouvrement pour les versements intervenant après le trente et un décembre de l'année de l'imposition.

Difficultés de recouvrement

267. A l'inverse des contributions de patentes et licences, la part de cette taxe au budget local est malheureusement très faible. Cette faiblesse est imputable à :

- L'absence de recensement des contribuables par les sous-préfets ;
- L'absence de transparence dans la gestion de cette recette ;
- L'incivisme des populations ;
- La propagande politique partisane et négative.

Paragraphe 11. La contribution des patentes (article 277 à 313 du CGI)

268. La contribution des patentes est un impôt d'identification dû par les personnes physiques morales qui exercent régulièrement, au Congo, une activité commerciale, industrielle ou une profession non exemptée par la loi. En ce qui concerne les exemptions, le code général des impôts en a prévu 27. A titre indicatif, on peut citer les sages-femmes, les producteurs de vin de palme ou de bambou, les chasseurs autres que les chasseurs professionnels, les peintres, les sculpteurs, les dessinateurs, les graveurs considérés comme artistes et ne vendant que le produit de leur art, etc.

La patente est constituée de trois éléments :

- Un droit fixe établi en fonction de la nature de l'activité ;
- Les taxes variables déterminées en fonction du personnel, des machines, etc. ;
- La valeur locative des locaux professionnels.

Les différentes activités sont classées dans deux tableaux A et B. Une activité donnée est inscrite soit dans le tableau A, soit dans le tableau B. Dans les deux tableaux, le tarif de la patente fait intervenir trois zones géographiques :

Zone 1 : Brazzaville, Pointe-Noire, Dolisie, Nkayi, Mossendjo et Ouesso ;

Zone 2 : Les chefs-lieux de départements et districts ;

Zone 3 : Autres localités.

269. Les taxes variables se greffent aux droits fixes du tableau B. A chaque activité du tableau B correspond une ou plusieurs taxes variables en fonction de certaines caractéristiques (nombre d'employés, puissance des machines, etc.). La contribution des patentes est due pour l'année entière. Le montant principal de la patente est majoré d'un certain pourcentage fixé par les délibérations des Conseils de départements ou de communes. Du point de vue de son apport au budget des collectivités locales, il convient de dire que la patente représente la part la plus importante, après les centimes additionnels et la taxe sur la valeur ajoutée (TVA), des recettes de ces entités.

Contribution des patentes

- *Assiette de l'impôt* : Sont assujetties à l'impôt toutes personnes physiques ou morales exerçant un commerce, une industrie, une profession.

- *Exemptions* : De nombreuses exemptions sont énumérées par l'article 279 du code général des impôts.

- *Calcul de l'impôt* : La contribution des patentes est composée d'un droit fixe établi soit d'après un tarif général, soit d'après un tarif exceptionnel.

- *Calcul de l'impôt* : La contribution des patentes est composée d'un droit fixe établi soit d'après un tarif général, soit d'après un tarif exceptionnel.

Il est possible que les vendeurs ambulants échappent à l'impôt.

Paragraphe 12. La contribution des licences

270. L'article 315 du code général des impôts dispose que la contribution des licences est due par tous les contribuables qui se livrent à la vente de boissons alcoolisées sous quelque forme que ce soit. A contrario, sont exemptés de cette contribution, les producteurs visés au paragraphe 28 de l'article 279 du code général des impôts et qui sont exonérés de la patente, c'est-à-dire les producteurs de vin de palme.

Pour l'établissement des droits de licences, les boissons alcoolisées sont classées en trois catégories :

1ère catégorie : boisson titrant plus de 13° d'alcool ;

2ème catégorie : boisson dont le titre dépasse 7° sans excéder 13° ;

3ème catégorie : boisson dont le titre n'excède pas 7°.

Les licences sont réparties en cinq (5) classes (article 320 du CGI) et les droits de licence sont réglés d'après le tableau C. En ce qui concerne le rendement de cet impôt, sa part dans le budget est assez faible.

Paragraphe 13. Les centimes additionnels à la TVA (Taxe additionnelle au chiffre d'affaires)

271. Les communes étaient autorisées à percevoir une taxe additionnelle sur le chiffre d'affaires due par toutes les entreprises passibles de l'impôt sur le chiffre d'affaires. Le taux de cette taxe est fixé par délibération du Conseil communal, approuvée par l'autorité de tutelle, dans la limite du maximum fixé annuellement par l'Assemblée nationale. Le recouvrement de cet impôt se faisait dans les mêmes conditions que l'impôt d'État sur le chiffre d'affaires intérieur.

La loi du 12 mai 1997 a institué au Congo une taxe dite taxe sur la valeur ajoutée (TVA). Cette taxe a vocation de frapper l'utilisation des revenus, autrement dit la dépense ou la consommation finale des biens et services, que celle-ci soit le fait des particuliers ou des personnes morales, privées ou publiques. Cependant, si cette loi soumet à la TVA les opérations économiques, qu'il s'agisse d'importations, de livraisons de biens ou de prestations de services, elle en exonère quelques biens ou produits limitativement énumérés. En d'autres termes, la loi TVA n'exonère pas les personnes, qu'elles soient physiques ou morales, privées ou publiques. Tout le monde y est donc assujetti en tant que consommateur final, même l'État et les collectivités locales, sauf lorsqu'ils interviennent comme autorités publiques.

Depuis l'institution de la TVA au Congo, la taxe additionnelle sur le chiffre d'affaires a été remplacée par les centimes additionnels à la TVA. Les centimes additionnels représentent plus de 50% des recettes des collectivités locales. Son rendement est tributaire de l'activité économique déployée dans le pays. Avec la reprise des activités économiques et le bon comportement de la TVA, les centimes additionnels représentent plus de 50% des recettes des collectivités locales.

Paragraphe 14. La taxe sur la valeur locative des locaux professionnels

272. L'article 342 du code général des impôts dispose que sont soumis à la présente taxe les magasins, boutiques, usines, ateliers, hangars, chantiers et autres locaux servant à l'exercice des professions soumises à la contribution des patentes, y compris les installations de toute nature, passibles de la contribution foncière des propriétés bâties ; peu importe que ces locaux ou installations soient loués ou concédés à titre gratuit. Des exemptions sont prévues à l'article 343 du code général des impôts. Elles concernent les locaux dans lesquels sont exercées des professions exemptées temporairement de la contribution des patentes, des professions relevant des classes 9 et 10 du tableau A, etc.

La contribution de cette taxe au budget des collectivités locales est assez faible : 17 à 22%. Mais, elle représente 55 à 61% des recettes comptabilisées au titre de la patente. En fait, la taxe sur la valeur locative des locaux professionnels constitue la part la plus importante de la patente dont elle est partie intégrante. Il faut, en effet, dire que la patente est un impôt. Certes, mais, ce terme englobe quatre taxes : la patente elle-même, la licence, la taxe spéciale importatrice et la taxe sur la valeur locative des locaux professionnels.

A. Taxe sur la valeur locative des locaux professionnels

Sont soumis à cette taxe, tous les locaux à usage professionnel soumis à la contribution des patentes.

Les émissions et les recouvrements s'effectuent dans les mêmes conditions que les patentes.

La taxe est calculée sur la valeur locative des locaux, évaluée chaque année par l'inspecteur divisionnaire des contributions directes. Le taux de la taxe, qui ne peut excéder 15% de la valeur locative, est fixé chaque année par délibération du Conseil municipal de la commune approuvée par l'autorité de tutelle.

Cette taxe semble surtout toucher les locaux professionnels du centre-ville.

B. Les impôts recouvrés par voie de rôle

273. *Le rôle* est une liste des contribuables soumis au paiement des impôts directs comportant pour chacun d'eux, la base d'imposition, le montant des cotisations, les noms et adresses. Établi par les services de la direction générale des impôts, il constitue un *titre exécutoire* en vertu duquel les comptables du trésor effectuent le recouvrement des impôts directs. Les impôts locaux recouvrés par la voie de rôle sont la contribution foncière des propriétés bâties et la contribution foncière des propriétés non bâties.

C. La contribution foncière des propriétés bâties

274. Au terme des dispositions combinées des articles 251 et 252 du code général des impôts, la contribution foncière des propriétés bâties est une contribution annuelle établie sur les propriétés bâties qui reposent sur les fondations en maçonnerie telles que maisons, boutiques, hangars, usines et sur les terrains non cultivés à usage industriel ou commercial (chantier, dépôt de marchandises et autres emplacements de même nature) soit que les propriétaires les occupent, soit qu'ils les font occuper par d'autres, à titre gratuit.

De nombreuses exemptions temporaires et permanentes sont prévues par les articles 253 à 256 du code général des impôts. La base d'imposition de la contribution foncière des propriétés bâties est égale à la valeur locative de ces propriétés, sous déduction de 25% en considération du dépérissement et des frais d'entretien, voire de réparation. La valeur locative destinée à servir de base est celle de l'immeuble au 1er janvier de l'année d'imposition.

En ce qui concerne son rendement, il est très faible à cause des difficultés de recouvrement et d'assiette restreinte (les propriétés pour lesquelles il est établi des titres fonciers). À cet effet, l'attention des municipalités est attirée sur la collaboration qui doit exister entre elles et l'administration des impôts pour une plus grande efficacité dans l'appréhension de ceux-ci : l'assiette, la liquidation et le recouvrement des contributions foncières.

D. La contribution foncière des propriétés non bâties

275. Les dispositions de l'article 263 du code général des impôts édictent qu'il est établi une contribution annuelle sur les propriétés non bâties de toute nature. De nombreuses exemptions permanentes et temporaires sont prévues par les articles 265 et 266 du code général des impôts.

Les contributions foncières des propriétés bâties et non bâties : cas de Brazzaville

Les émissions :

1. Les émissions sont faites par l'inspection divisionnaire de Brazzaville-centre. Il n'y a pas d'émissions pour les arrondissements.

Le montant des émissions est communiqué par la direction régionale des impôts à la direction des finances municipales.

En théorie, c'est ce chiffre qu'on devrait retrouver dans les comptes administratifs. Or, ce n'est pas le cas.

2. Les rôles sont envoyés par la direction régionale des impôts à la recette municipale, qui peut alors procéder aux recouvrements.

Les recouvrements. La perception-recette municipale communique le montant des recouvrements par année et par nature d'impôts. Le tableau fait apparaître le montant des recouvrements sur des émissions de l'exercice précédent et sur des émissions des exercices antérieurs, mais sans distinction de nature d'impôts.

Le montant des recouvrements annuels est celui que l'on retrouve dans les comptes administratifs.

La contribution foncière des propriétés non bâties est réglée en raison du revenu imposable de ces propriétés. Le revenu imposable est égal à 50% de la valeur cadastrale destinée à servir de base à la contribution foncière des propriétés non bâties. Cette valeur est déterminée en fonction d'un paramètre précis : la localisation, les commodités publiques et la surface bâtie.

Toute comme la contribution foncière des propriétés bâties, le rendement de la contribution foncière des propriétés non bâties est très faible, bien que l'émission de ces deux taxes soit faite par la direction générale des impôts. Il est constaté que les services du trésor n'arrivent pas à les recouvrer du fait de l'incivisme des contribuables.

Paragraphe 15. Les impôts locaux non inventories par le CGI

Ce sont des taxes diverses dont l'incidence sur le budget des collectivités locales est essentielle.

276. La taxe immobilière. Il s'agit, en fait, d'une taxe sur les loyers, égale à 1/12e des loyers échus dans l'année, due par des personnes physiques ou morales propriétaires d'immeubles, à l'exception des ambassades étrangères. L'article 4 de la loi n° 04-76 du 30 mars 1976 énonce : « la taxe immobilière sur les loyers est affectée au budget des collectivités locales. Toutefois, le produit de la taxe affectée à des immeubles sis dans les centres-villes des communes de plein exercice, est perçu au profit du budget de l'État. » De ce fait, la part de la taxe revenant aux communes est très faible, le recouvrement de la taxe dans les arrondissements étant difficile en l'absence de baux.

277. La taxe d'enlèvement d'ordures ménagères ou les droits de voirie. Sont redevables de cette taxe, toutes les personnes physiques ou morales bénéficiant du service d'enlèvement des ordures. Sont exemptés, l'État, les communes, les établissements scientifiques d'enseignement ou d'assistance et les habitants domiciliés à plus de 100 mètres d'un endroit où fonctionne l'enlèvement des ordures. La taxe est perçue par voie de rôle. L'absence de la logistique nécessaire au ramassage des ordures ménagères et l'état des ruelles devenues inaccessibles ont rendu inopérant le recouvrement de cette taxe.

278. La taxe d'habitation. Conçue pour remplacer la taxe immobilière et la taxe d'enlèvement des ordures ménagères, la taxe d'habitation n'a pas connu un début d'application. Comme tous les impôts immobiliers, la taxe d'habitation est assise sur un bon cadastre fiscal et sur un bon service d'enlèvement des ordures ménagères qui font malheureusement et cruellement défaut dans les collectivités locales congolaises.

279. Les centimes additionnels sur les permis de conduire et l'immatriculation de véhicules à moteur. La taxe sur les véhicules à moteur, autrement dit la taxe sur les cartes grises, est une taxe entre l'État et les collectivités locales. Des textes récents consacrent le partage de cette taxe entre l'État, les collectivités locales et le fonds routier. Cependant, la clé de répartition n'est pas fixée et les collectivités locales ne perçoivent pas la part qui leur revient.

280. La taxe sur les autorisations de transport. Les recettes sur les autorisations de transport public perçues par la direction générale des transports terrestres sont à repartir entre l'État et les collectivités locales. Mais, ces dernières ne perçoivent pas encore leur part, faute de clé de répartition.

281. La taxe de superficie ou de développement des départements. La loi n°16-2000 du 20 novembre 2000 portant code forestier, à son article 91, accorde aux collectivités locales cinquante pour cent (50%) des recettes de la taxe de superficie. La taxe de superficie est payée par les forestiers titulaires de conventions. Elle est destinée au développement des départements. Elle est répartie de la manière suivante :

- 50% pour le département dans lequel se trouvent les superficies concernées ;
- 50% répartis équitablement entre les autres départements de la République.

Ainsi, la taxe de superficie vient remplacer toutes les taxes du domaine de l'exploitation de la forêt. Cependant, son reversement aux collectivités locales n'est pas encore effectif.

Paragraphe 16. Les revenus de l'exploitation du domaine et des services des collectivités locales

Différents revenus contribuent aux budgets des collectivités locales.

282. Les revenus du domaine privé immobilier

- Les loyers des bâtiments ou logements, propriétés des collectivités locales ;
- Les revenus de la vente des produits des carrières ou de la location de la carrière de la collectivité locale ;
- Les droits perçus sur la délimitation, le bornage, la location et la vente des terrains ainsi que sur l'autorisation de construire.

283. Les revenus du domaine privé immobilier

- Les produits de la location ou de l'aliénation d'objets mobiliers ou matériels (véhicules ou engins du Conseil) ;
- Les produits des fourrières (des véhicules ou bêtes mis en fourrière).

284. Les revenus du domaine public

- Les droits de place dans les marchés, halls, foires, kermesses ;
- Les droits de publicité, d'organisation des foires, kermesses, spectacles ;
- Les permis de stationnement, de roulage, de location de la voie publique ;
- Les centimes additionnels aux redevances aéroportuaires et portuaires ;

285. Les revenus divers et de l'exploitation des services

- Les produits de l'état civil, des autorisations et légalisations administratives ;
- Les produits des taxes assimilées de l'exploitation des établissements de tourisme (licence sur boissons, débits de boissons, bars dancings, hôtels, motels, night-clubs, etc.) ;
- Les taxes forfaitaires ou contributions des commerçants et artisans, des agents de l'État et du secteur privé ;
- Les permis de port d'armes ;
- Les produits des services exploités par la collectivité locale, des services en régie, en concession ou affermage …

Il s'agit d'un nombre important de taxes créées par la loi n°30-2003 du 20 octobre 2003 portant institution du régime financier des collectivités locales. Mais, leur produit est, dans la plupart des cas, relativement faible par rapport à l'ensemble des recettes.

Le recouvrement de ces taxes se heurte :

- Au manque de textes d'application précisant ou décrivant dans les détails , la nature des revenus du domaine, des revenus divers et de ceux de l'exploitation des services des collectivités locales ;
- A la non maîtrise des contribuables ;
- A l'absence de mesures incitatives ;
- Au manque d'initiatives des autorités.

Paragraphe 17. La source juridique des aides de l'État

286. La loi n°9-2003 du 6 février 2003 fixant les orientations fondamentales de la décentralisation, en son article 18 dispose : « l'État accorde son concours financier aux collectivités locales par le biais des organes financiers, sous forme de :

- Dotation globale de fonctionnement (DGF) ;

- Dotation globale de décentralisation (DGD) ;
- Dotation globale d'investissement (DGI) ;
- Transfert des impôts ;
- Subvention spécifique (ou de compensation) ;
- Ressources d'emprunts garantis par l'État. »

La loi n° 30-2003 du 24 octobre 2003 fixant le régime financier des collectivités locales dispose en son article 10 : « l'État verse également aux collectivités locales une subvention de compensation, lorsqu'une décision de celui-ci suscite une perte de ressources aux budgets des collectivités locales. »

Elle précise les affectations des différentes dotations et précise que le non respect de ces affectations par les Conseils locaux, ou la non concordance des affectations des dotations en conformité avec la loi de finances de l'État est le premier motif de rejet du budget du Conseil local par l'autorité de tutelle. Il n'est donc pas autorisé l'affectation des crédits inscrits dans le budget du Conseil (art. 30 et 37).

287. La loi portant institution du régime financier des collectivités locales (cf. op. cit.), définit les différentes dotations et précise les modalités de leur mise en oeuvre et leur budgétisation par les Conseils (art. 24). C'est un concours financier de l'État destiné à équilibrer les dépenses de fonctionnement de la collectivité locale. C'est donc une subvention d'équilibre du budget dans sa partie fonctionnement. Aux termes de la loi n° 30-2003, les dépenses de fonctionnement de la collectivité locale sont :

- les dépenses ordinaires qui sont soit obligatoires, soit facultatives (art 25et 26) ;

- les dépenses des services chargés de la gestion du patrimoine de la collectivité locale, prévues par la loi n° 31-2003 du 24 octobre 2003 portant détermination du patrimoine des collectivités locales (art.22 à 38). L'activité de ces services vise la satisfaction des besoins locaux.

Cette subvention vient en apport aux recettes locales. En d'autres termes, les dépenses de fonctionnement ne doivent pas être supérieures à l'ensemble des recettes locales auxquelles s'ajoute la DGF. Elles doivent s'équilibrer sans remettre en cause *le principe de la non affectation des recettes* de *l'unité budgétaire*.

Les dépenses de fonctionnement ne doivent pas être supérieures à l'ensemble des recettes locales plus la DGF.

288. La dotation globale de décentralisation. C'est un concours financier de l'État destiné à couvrir les charges nouvelles liées au transfert de compétences. Ainsi, la loi n° 30-2003 du 20 octobre 2003, en son article 9 précise « qu'aucun transfert de charge ne peut être fait à la collectivité locale si celui-ci n'est pas accompagné de ressources ; de même, aucune dépense relevant de l'administration centrale ne peut être imputée au budget de la collectivité locale. »

Par ailleurs, la loi n° 10-2003 du 6 février 2003 portant transfert de compétences aux collectivités locales, en son article 11, renchérit : « la dotation globale de décentralisation est un concours financier de l'État destiné à compenser les charges liées au transfert de compétences. Elle assure la compensation intégrale des charges en finançant les soldes non couverts par le transfert d'impôts d'État. » Le transfert d'impôt d'État ou le transfert des ressources concomitamment au transfert des compétences au profit des collectivités locales est un autre concours financier de l'État. Le transfert d'impôt ou de fiscalité prévue à l'article 10 de la loi n° 10-2003 du 6 février 2003 s'inscrit dans le cadre de la compensation financière de transfert de compétences.

En d'autres termes, pour couvrir les charges des compétences transférées, l'État met à la disposition de la collectivité locale deux concours financier : la DGD et le transfert d'impôt (localisable, bien réparti et permanent). C'est pourquoi la loi n° 10-2003 du 6 février 2003 précitée, précise en son article 5 : « les charges à transférer font l'objet d'une évaluation préalable. »

La base de l'évaluation d'une charge à transférer est constituée d'une part, de la capacité financière de la collectivité locale appréciée en fonction du potentiel fiscal et, d'autre part, par le besoin de financement apprécié en fonction du montant des dépenses découlant du transfert de la compétence.

Le schéma de financement des charges à transférer est le suivant :
- Évaluation du montant des charges à transférer ;
- Évaluation des ressources correspondantes aux charges transférées (potentiel fiscal + transfert d'impôt + dotation globale de décentralisation, qui est une variable d'ajustement).

289. La dotation globale d'investissement. C'est un concours financier de l'État destiné à couvrir les dépenses d'investissement de la collectivité locale. Il s'agit en d'autres termes d'une subvention d'investissement pour couvrir les dépenses en capital défini à l'article 27 de la loi n° 30-2003 du 20 octobre 2003. Ces dépenses visent l'amélioration de l'espace et du cadre de vie des populations. La dotation globale d'investissement vient remplacer les subventions d'investissement qui étaient accordées aux Conseils locaux sous la forme du FIPOD, FAR, pistes agricoles etc.

290. Les subventions spécifiques ou de compensation. Ce sont les concours financiers ponctuels de l'État destinés à couvrir les dépenses non prévues. Les cas pour illustrer ces concours sont les interventions de l'État pour faire face aux épidémies, calamités et catastrophes. Ces subventions peuvent être gérées ou non par les Conseils locaux.

La subvention de compensation est une allocation compensatrice que l'État verse à une collectivité locale en contrepartie d'une perte de recette subie par celle-ci à cause des exonérations, allègements et autres formes de pertes résultant de l'exécution de sa politique de développement. Un décret en Conseil des ministres fixe les modalités de calcul et de reversement de la subvention de compensation aux collectivités locales.

291. Les ressources d'emprunts garanties par l'État. L'emprunt est toujours une ressource affectée, inscrite aux recettes dans la section investissement. Elle sert à financer exclusivement les investissements nouveaux. L'emprunt ne doit pas financer les dépenses de fonctionnement.

L'article 22 de la loi n°30-2003 du 20 octobre 2003 et l'article 22 de la loi n° 8- 2003 du 6 février 2003 disposent que : « les emprunts sont soumis à l'obligation de transmission au préfet pour un contrôle de légalité et doivent être garantis par l'État. »

D'une manière générale, il convient de noter que la loi sur le régime financier, en son article 23, interdit aux collectivités locales la création de taxes. Tout impôt, droit et taxe ne peuvent être créés que par la loi. Les collectivités locales n'ont pas encore la maîtrise de leurs recettes. Les recettes propres recouvrées par les services de l'État sont le plus souvent autoconsommées.

En outre, les comptables du trésor ne jouent pas encore pleinement leur rôle de comptables principaux des collectivités locales en matière de recouvrement des recettes locales.

Quant à la subvention de l'État octroyée sous forme de dotations globales dans les lois des finances, la plupart des collectivités locales la perçoivent difficilement. Afin que soient bien exécutées les missions dévolues à chaque administration dans le processus budgétaire local, il faudra impérativement, et c'est bien cela le défit, que chaque organe joue son rôle dans les limites de ses prérogatives reconnues par les lois et règlements en vigueur. Faute de quoi, les collectivités locales seront difficiles à gérer et leur épanouissement se fera attendre.

CHAPITRE III

LE PATRIMOINE DES COLLECTIVITES LOCALES ET LE STATUT PARTICULIER DE LA VILLE DE BRAZZAVILLE ET DE LA VILLE DE POINTE-NOIRE

Cette partie est consacrée à l'étude des biens des collectivités locales, ainsi qu'au statut de Brazzaville et de Pointe-Noire.

I. LE PATRIMOINE DES COLLECTIVITES LOCALES

292. Aux termes de la loi n° 31-2003 du 24 octobre 2003, le patrimoine des collectivités locales est l'ensemble des biens relevant des domaines public et privé, propriétés des collectivités locales sur lesquelles elles exercent des droits et des obligations y rattachés. Les collectivités locales disposent d'un patrimoine et accomplissent librement tous les actes nécessaires à sa gestion, conformément à la loi.

Paragraphe 1. La composition du patrimoine des collectivités locales

Le patrimoine des collectivités locales concerne :
- Le patrimoine du département ;
- Le patrimoine de la commune.

A. Le patrimoine du département

293. Le domaine public du département comprend notamment :
- Les voies et places publiques ;
- Les bâtiments et les ouvrages départementaux non classés dans le domaine public de l'État ;
- Les équipements et les infrastructures départementaux,
- Les monuments historiques.

Le domaine privé du département comprend l'ensemble des biens corporels et incorporels, mobiliers, propriété du département et qui ne font pas partie du domaine public de l'État. Le Conseil délibère sur les biens meubles et immeubles des domaines public et privé du département. Les biens meubles et immeubles du domaine public du département sont inaliénables et les droits y rattachés sont imprescriptibles.

B. Le patrimoine de la commune

294. Le domaine public de la commune comprend notamment :

- Les voies et places publiques ;
- Les bâtiments et les ouvrages municipaux non classés dans le domaine public de l'État ou du département ;
- Les équipements et les infrastructures communaux ;
- Les monuments historiques.

Le domaine privé de la commune comprend l'ensemble des biens corporels et incorporels, mobiliers et immobiliers, propriété de la commune et qui ne font pas partie du domaine public de l'État, du département ou de la commune concernée. Le Conseil délibère sur les biens meubles et immeubles du domaine public et privé de la commune. Les biens meubles et immeubles du domaine public de la commune sont inaliénables et les droits y rattachés sont imprescriptibles.

Paragraphe 1. Le mode d'acquisition

295. Le patrimoine des collectivités locales s'acquiert par :

- Transfert ou cession des biens du domaine de l'État à titre gracieux ;
- Dons ou legs, ou par d'autres voies de droit, notamment, la prescription, la saisie, la confiscation ;
- Achat, échange, passation de marché, droit de préemption ou d'expropriation pour cause d'utilité publique sous condition d'une juste et préalable indemnité ;
- Succession, par déshérence des biens vacants et sans maître.

Il peut céder, aux collectivités locales, une partie de ses biens meubles ou immeubles relevant de son domaine public ou privé situé dans les limites géographiques de celles-ci. Il peut conclure avec elles des conventions portant sur l'exploitation ou l'utilisation de ces biens meubles et immeubles. La cession ou le transfert des biens de l'État aux collectivités locales est décidé par décret en Conseil des ministres, soit à la requête de ces collectivités locales, soit sur l'initiative de l'État lui-même. Les biens cédés ou transférés, selon les dispositions des articles 11, 12, 13 de la loi, deviennent la propriété de la collectivité locale concernée qui en assure l'administration ou la gestion conformément à la loi.

Paragraphe 2. La gestion du patrimoine des collectivités locales

296. Les règles de gestion. Les biens des collectivités locales peuvent être aliénés, à l'exception de ceux du domaine public. Toute aliénation des biens du domaine privé des collectivités locales est soumise à une délibération du Conseil départemental ou municipal. Toute vente des biens mobiliers ou immobiliers du domaine privé des collectivités locales s'effectue selon les formes prescrites par la loi. Les baux des biens départementaux ou municipaux sont gérés par le Conseil départemental ou municipal qui décide de la forme de passation des marchés conformément à la loi. Les collectivités locales sont responsables de l'entretien de l'ensemble de leurs biens, de leurs installations et de leurs équipements. La gestion des biens fonciers est soumise aux prescriptions légales.

297. Les services et leur mode de gestion. Les autorités des collectivités locales ont l'obligation, dans les limites de leurs ressources, de créer, par leurs délibérations, les services nécessaires à la vie de leurs citoyens. Sont considérés comme services publics départementaux et municipaux, les services ou les catégories de services ci-après :

- Les services d'hygiène, de protection civile et d'environnement ;
- Les services de production et de distribution d'eau et d'énergie ;
- Les services de transports ;
- Les services liés aux activités économiques ;
- Les services liés aux activités sociales, culturelles et sportives

Les services d'hygiène, de protection civile et de l'environnement sont des services obligatoires. Ils comprennent notamment :

- Les pompes funèbres ;
- La création, l'aménagement et l'entretien des cimetières ;
- La distribution publique d'eau potable ;
- Le service d'assainissement ;
- La collecte et l'évacuation des ordures ménagères ;

Tous les autres services ou activités susceptibles de concourir à l'hygiène ou à la protection de l'environnement.

Les services de production et de distribution de l'énergie s'entendent de la possibilité, pour les communes, d'exploiter les installations d'une puissance inférieure à 100 kW et d'assurer la distribution locale en moyenne et basse tension. Les services de transport comprennent notamment :

- Les transports en commun ;
- Le stationnement payant ;
- L'entretien des routes d'intérêt local.

Les services liés aux activités économiques comprennent notamment.

- Les foires et les marchés ;
- Les abattoirs ;
- Les services divers liés à des activités relevant normalement du secteur privé, lorsque ceux-ci font défaut et que l'activité présente un intérêt local manifeste.

Les services liés aux activités sociales, culturelles et sportives comprennent notamment.

- La construction, l'équipement et la gestion des écoles, des centres de santé, des garderies d'enfants, des crèches et des centres d'aide et de promotion sociale ;
- La construction, l'équipement et la gestion des bibliothèques et des salles de spectacle ou de jeux ;
- L'aménagement des aires de sports ;
- La construction, l'entretien et la gestion des équipements sportifs.

298. Les collectivités locales peuvent gérer directement en régie, en concession ou en affermage tout ou partie des services cités à l'article 22 de la loi. *La régie* est un mode de gestion d'un service public par la collectivité locale elle-même qui assure l'exécution du service avec ses propres moyens, notamment en personnel et en argent.

La régie peut être directe ou indirecte. *La régie directe* est celle dans laquelle la collectivité locale assume seule le fonctionnement et le risque du service public par des agents nommés et rémunérés par elle. *La régie indirecte* ou intéressée est celle dans laquelle la collectivité locale, sous sa responsabilité, fait gérer un service par des particuliers qui assument certains risques limités en contre partie d'une participation aux bénéfices ou de primes de gestion. *La concession d'un service public* est une convention par laquelle la collectivité locale, qui est l'autorité concédante, confie à une personne publique ou privée, le concessionnaire, la charge d'assurer l'exécution du service public à ses risques et péril pendant une durée déterminée, rémunérée par des perceptions prélevées sur les usagers ou les bénéficiaires du service. *L'affermage* est un contrat par lequel la collectivité locale affermant confie la gestion du service public à un fermier moyennant une rémunération et le versement, à la collectivité locale, d'une redevance déterminée. Le Conseil des ministres détermine l'organisation administrative, le régime financier, le fonctionnement et le règlement type des régies, des concessions et des affermages. Les collectivités locales sont autorisées à passer des contrats de concession de services publics ou de travaux publics. Les contrats portant concession ou affermage de services ou de travaux publics sont délibérés par le Conseil départemental ou municipal et approuvés par l'autorité de tutelle. Les collectivités locales peuvent être autorisées à créer des entreprises départementales ou municipales à caractère économique de droit privé ou d'économie mixte dans un but d'intérêt public pour satisfaire des besoins locaux. Les règles de créations, d'organisation et de fonctionnement des entreprises départementales ou municipales sont fixées par la loi. Les collectivités locales peuvent déclasser un service public ou dissoudre une entreprise départementale ou municipale lorsque son exploitation fait apparaître un déficit de nature à compromettre l'intérêt du service public ou de l'entreprise. Les gestionnaires du patrimoine des collectivités locales, reconnus coupables de malversations financières ou de mauvaise gestion, sont passibles des poursuites pénales.

II. Le statut particulier de la ville de Brazzaville et de la ville Pointe-Noire

299. Aux termes de la loi n° 11-2003 du 6 février 2003, La ville de Brazzaville et la ville de Pointe-Noire sont érigées en départements. Les limites territoriales du département de Brazzaville sont les mêmes que celles de la commune de Brazzaville. Les limites territoriales du département de Pointe-Noire sont les mêmes que celles de la commune de Pointe-Noire. La ville de Brazzaville et la ville de Pointe-Noire, telles que définies à l'article 1er de la loi sont chacune une circonscription administrative et une collectivité locale. Brazzaville est le siège du département de Brazzaville et de la commune de Brazzaville. Pointe-Noire est le siège du département de Pointe-Noire et de la commune de Pointe-Noire. La ville de Brazzaville et la ville de Pointe-Noire sont administrées et gérées, chacune, par un Conseil municipal élu au suffrage universel direct et un exécutif élu en son sein. Le bureau exécutif du Conseil municipal de Brazzaville ou de Pointe-Noire comprend :

- Un président : le maire
- Un premier vice-président : le premier adjoint au maire ;
- Un deuxième vice-président : le deuxième adjoint au maire ;
- Un premier secrétaire ;
- Un deuxième secrétaire.

300. La composition du bureau doit refléter la représentation proportionnelle pluraliste. Le Conseil municipal de Brazzaville est, à la fois, le Conseil municipal de Brazzaville et le Conseil départemental de Brazzaville. Le Conseil municipal de Pointe-Noire est, à la fois, le Conseil municipal de Pointe-Noire et le Conseil départemental de Pointe-Noire. Le département de Brazzaville et le département de Pointe-Noire ont, chacun, un budget.

La commune de Brazzaville et la commune de Pointe-Noire ont chacun un budget. Les règles concernant les Conseils départementaux sont applicables, lorsque le Conseil de Brazzaville et le Conseil de Pointe-Noire siègent en qualité de Conseil départemental. Les règles relatives à l'administration et à la gestion des communes et des départements sont applicables à Brazzaville et à Pointe-Noire, sous réserve des dispositions particulières qui concernent leur statut. Les dispositions communes et les relations entre l'État, les communes et les départements réglant le contrôle financier et la tutelle technique, sont applicables à Brazzaville et à Pointe-Noire. La ville de Brazzaville et la ville de Pointe-Noire, en tant que circonscriptions administratives, sont placées sous l'autorité d'un préfet de département. Il est institué, dans le département de Brazzaville, un préfet de police. Un décret en Conseil des ministres détermine les compétences et fixe le statut du préfet de police de Brazzaville. Le préfet du département de Brazzaville est le préfet de la ville de Brazzaville dans les conditions de droit commun. Le préfet du département de Pointe-Noire est le préfet de la ville de Pointe-Noire dans les conditions de droit commun. Les conditions relatives au département de Pointe-Noire seront applicables dans un délai d'un an à compter de la date d'entrée en vigueur de la loi (articles 1 à 14).

BIBLIOGRAPHIE SELECTIVE

- Amboulou (Hygin Didace), *L'Administration du territoire et les collectivités locales en République du Congo*, L'Harmattan, Hemar, Paris –Brazzaville, 2007.

- Amboulou (Hygin Didace), *Les interruptions des mandats, la vacance des sièges et le remplacement des membres des organes délibérants au Congo,* Hydam, 2008.

- Amboulou (Hygin Didace), *Le maire d'arrondissement.* Un double statut d'autorité déconcentrée et d'autorité locale dans la loi n° 3-2003 du 17 janvier 2003 fixant l'organisation administrative territoriale au Congo. Hydam, 2006.

- Amboulou (Hygin Didace), *Le système de gestion participative au service des communautés urbaines et rurales au Congo*. Hydam, 2007.

- Andzouana (A). *La fiscalité des collectivités locales.* Communication au séminaire des préfets sur la décentralisation au Congo, Quelles perspectives, Brazzaville, 18-22 Février 2003.

- Apoko (Jean François), *La participation des citoyens dans la gestion des affaires locales au Congo.* Communication au séminaire de sensibilisation des Conseillers municipaux de Brazzaville sur les textes de la décentralisation au Congo, Brazzaville, Aout 2005.

- Auby (Jean-Bernard), Duby (Jean-François), Rosen Hoguellon, *Droit des collectivités locales*, PUF, THémis, Droit public, 4e éd. 2008.

- Barcelo (Jean Yves), *Financement des politiques d'intégration sociale.* 4e Forum des autorités locales de Porto Alègre-Barcelone 7-8 mai, 2004.

- Bastion (Jean Claude) et Chabannier (Nicole), *Le droit des élections locales*, LGDJ, coll. Système, 2004.

- Bluteau (Philipe), *Leçons de droit des collectivités territoriales*, Ellipses, 2009.

- Bourdon (Jacques), Pontier (Jean-Marie), Rici (Jean Claude), *Droit des collectivités territoriales PUF*, thémis, Droit public 2e éd. 1998.

- Casteights (Michel), *La gouvernance urbaine entre science et idéologie-Présentation aux rencontres internationales*, Démocratie et management local. ENAP- Québec, 20-23 Mai, 2003.

- Caudal (Sylvie), et Sestier (Jean François), *Les collectivités locales et l'entreprise*, LGDJ, coll. Décentralisation et développement local, 2002.

- Code Général des Impôts loi n° 3-2003 du 17 janvier 2003 fixant l'organisation administrative territoriale.

- Cornet (Claire), Ferstenber (Jacques) Toumet (Laurent), *Les grands arrêts de la décentralisation,* Dalloz, 2e éd. 2001.

- Debbach (R), Le principe d'unité et d'indivisibilité de la République, Économica, PUAM, 1988.

- Décret n° 20-2003 du 6 février 2003 portant fonctionnement des collectivités locales.

- Delevoye (J.P), *Pour une République territoriale*, juin, 2000.

- Douence (J. C), la Commune, Dalloz, coll- « *connaissance du droit*, 1994.

- Faure (Bertrand), *Existe-t-il un pouvoir local en droit Constitutionnel français ?* R.D.P.

- Fialarie (Jacques), *Le droit des services publics locaux*, LGDJ, coll. « Systèmes », 1998.

- Gauthier (Nathalie), *Construire une capacité locale de management*, Groupe de recherche et d'échanges technologiques (G R E T), juillet 1999.

- Geucis (Henry-Michel), *Les contrôles financiers sur les collectivités territoriales*, Éditions du Monsieur, 1998.

- Gohin (Olivier), *Institutions administratives,* LGDJ, Coll. « Manuel », 5e éd., 2006.

- Gouga III (Jeannot Christophe), *Crises et mutations sociales en Centrafrique*, Essai sur la reconstruction du capital social, Hemar-Brazzaville, 2007.

- Gourevitch (Guy), *Démocratie participative*, pour que les citoyens cogèrent leur ville avec les élus, 02 juin 2002.197

- Guillaumont (O). *La réforme du statut civil de droit local et l'abandon de la polygamie à Mayotte*, JCP 2003, n° 35.

- Gremion (Pierre), *Le pouvoir périphérique*, Seuil 1976.

- Hardy (J), *Les collectivités locales,* la Découverte /Syroz, coll-Repères, 1998.

- Hermet (Guy), *Un régime à pluralisme limité* ? à propos de la gouvernance démocratique, Septembre, 2004.

- Iloki (Auguste), *Le recours pour excès de pouvoir au Congo.* L'Harmattan-Paris, 2003.

- Joly (Pierre-Benoît), *Debates and participatory processes: lessons from European experience.* Forum science in society-Brussels, 9-13 March, 2005.

- La Constitution du 20 janvier 2002.

- Lachaume (J. F), La commune, LGDJ, coll- « *Politiques locales* » 1997.

- Lavigne Delville (Philippe), *Les diagnostics participatifs dans le cadre des projets de développement rural dans les pays en voie de développement* : Postulats, pratiques et effets sociaux des PRA / MARP.

- Lavigne Delville (Philippe), *Regards sur les enquêtes et diagnostics participatifs*, la situation d'enquête comme interface, 2003.

- Loi n° 7-2003 du 6 février 2003 portant organisation et fonctionnements des collectivités locales.

- Loi n° 8-2003 du 6 février 2003 portant loi organique relative à l'exercice de la tutelle sur les collectivités locales.

- Loi n° 9-2003 du 6 février 2003 fixant les orientations fondamentales de la décentralisation.

- Loi n° 10-2003 du 6 février 2003 portant transfert de compétences aux collectivités locales.

- Loi n° 11-2003 du 6 février 2003 portant statut particulier de la ville de Brazzaville et de la ville de Pointe-Noire.

- Loi n° 30-2003 du 20 octobre 2003 portant Institution du régime financier des collectivités locales.

- Loi n° 31-2003 du 24 octobre 2003 portant détermination du patrimoine des collectivités locales.

- Loi n° 5-2005 du 11 mai 2005 portant statut de la fonction publique territoriale.

- Luchavie (François), *Émergence d'un droit Constitutionnel de la décentralisation,* A J DA, 1992, n° spécial.

- Luis Carlos Fernandez Espinar Lopez V, Tomas Font I Llovet, Alfredo Galan Falan, *Les structures locales dans l'État des autonomies*, in Delcamps.

- Mabileau (Albert), *Le système politico-administratif local*, Montchrétien, Coll. « clés », 2e éd. 1994.

- Malvicini (Cyndi-F), Sweeter (Anne), Experiences in RETA 1994. Capa city building and participation activities. Asian developpement bank (A D B) - Poverty and developpement papers, N°6, July 2003.

- Marcou (G), Rangeon (F), Thiebault (J.L.), *La coopération contractuelle et le gouvernement des villes.*

- Mauroy (P), *Refonder l'action publique locale*,

- Merloni Francesco, « *Du centralisme de l'État à la République des autonomies territoriales et à la décentralisation dans les États de l'Union Européenne*, sous la direction d'Alain Delcamps et John Loughlin, la Documentation Française, 2002.

- Minvielle (Jean Paul), *La pauvreté en Afrique est-elle plus rurale qu'urbaine* ? Cahier du C3ED n° 03-03.Guyan court, février, 2003.

- Ministère de l'Administration du territoire et de la décentralisation / PNUD-Manuel de Formation des élus locaux.

Module 1. Gouvernance locale et décentralisation.

Module 2. Les ressources financières des collectivités locales

Module 3. Les collectivités locales et la maîtrise d'ouvrages.

- Moderne (Franck). (Sous la direction), *Les nouvelles compétences locales*, economica, 1983.

- Montain-Domenach (Jacqueline), Bremond (Christine), *Droit des collectivités territoriales*, 3e éd PUG 2007.

- Moreau (Jacques), *Administration régionale, départementale, et municipale*, Dalloz, coll Mémento, 14e éd. 2004.

- Mulher-Quoy (Isabelle), *Le droit des assemblées locales*, LGDJ, coll. Ces systèmes, 2001.

- Ngafouomo (Charles), état des lieux sur la décentralisation au Congo. Communication à l'atelier d'évaluation des besoins en formation des autorités déconcentrées et décentralisées, Brazzaville- 20-21-Décembre, 2005.

- Portelli (Hugues), *La régionalisation demain, question de pouvoir ou de territoire* ? La gestion et le droit des collectivités locales. Nouveaux horizons vingt ans après la loi du 2 mai 1982, Gaz des communes, 5 mai, 2003.

- Quermonne (Jean-Louis), *L'appareil administratif de l'État*. Seuil, 1991.

- Rasera (Michel), *La démocratie locale*, LGDJ, coll. « systèmes », 2002.
- Remond (Alain.), *La région,* Clé, Montchrétien, 1996.
- République du Congo. *PNUD-Rapport national sur le développement humain 2002*. Guerres et après ? Développement humain en situation de post-conflit, Brazzaville janvier, 2002.
- Riahal (H), « *Les transferts de compétences, solidarité et santé*, AJDA, 2004, p. 1978 ; art. 49 de la loi du 13 Août 2004.
- Soumaré (Mohamed) et Gerard (Jérôme), *Pour un développement urbain basé sur les initiatives et ressources locales*, Dakar, ENDA. ECOPOP, Novembre, 1997.
- Texier (Jacques), *Démocratie et autogestion,* le citoyen producteur, ENERO, Rouge, 2002.
- Verpeaux (Michel), *Droit des collectivités territoriales*, coll. Major. 2e éd. Puf-2008.
- Vital – Durand (E), *Les collectivités territoriales en France*, Hachette, Coll. Les fondamentaux 2, 5e éd., 2004.

TABLE DES MATIERES

523938 - Mars 2013
Achevé d'imprimer par

1livre.com

www.ingramcontent.com/pod-product-compliance
Lightning Source LLC
LaVergne TN
LVHW010927061026
849535LV00007B/2269